와틀스의 부자의 법칙

FINANCIAL SUCCESS

부를 창조하는 **17** 가지 성공 법칙

와틀스의
부자의 법칙

월러스 D. 와틀스 지음 · 최보경 옮김

"와틀스의 법칙에 따르면 실패가 없다"

전 세계적으로 천만 독자가 인정한
성공을 부르는 가장 확실하고 과학적인 부자학 실천서!

창작시대사

"

부는 오지 않을 때에는 어떻게 그리 꼭꼭 숨어버렸을까
싶지만, 일단 오기 시작하면 엄청나게 빠르고 풍성하게
다가온다.

-나폴레온 힐

100년이 넘도록

나폴레온 힐, 로버트 슐러, 앤소니 로빈스 등에게

가장 큰 영향을 끼친

위대한 고전!

성공한 사람들에게만 은밀히 전해져왔다는

와틀스의 신비한 성공 교과서에서

부를 얻는

가장 확실한 성공비법을

터득한다.

"보석처럼 빛난다"

영원히 변치 않는 보석과도 같은 책이다.

100여 년 전에 첫선을 보인 이 책은 여러 세대에 걸쳐 읽혀오면서 새롭게 재발견되었고 앞으로 다가올 세대에게도 그럴 것이라고 생각한다.

오직 성공적인 부를 향한 이 책에서 작가는 노력에 의해 성공을 이루고자 하는 이들의 가슴에 와 닿는 법칙들을 제시한다.

그러나 이 책에 담긴 진실은 그것만이 아니다.

와틀스의 글을 읽으면 우주관과 인생관이 확장되고 변화되는 것을 느낄 수 있다.

이 책에는 종래의 부에 대한 조언을 발견할 수 없다.

대신 사고의 힘에 대한 교훈을 얻을 수 있다.

또한, 목표 달성을 위해 요구되는 사고와 행동의 핵심만을 간결하게 제공하기 위해 불필요한 부분을 과감하게 생략하고 있다.

얇고 작은 책이지만 반복되는 부분이 없지 않다.

반복을 자주 사용하는 이유는 목적이 있기 때문이다.

작가는 자신의 간단한 원리를 우리의 마음속에 심어주려 열심히 노력한다.

따라서 그의 생각은 표현되고 요약되고 더욱 간결하게 재요약된다.

마지막 부분에서는 질문 항목까지 넣어 확실하게 습득하도록 강요한다.

이 책을 읽기 전까지 나는 아인슈타인이 과학적으로 열어 보여 줄 때까지 광대하고 풍족한 우주관이 잠을 자고 있다고 생각했었다.

아인슈타인의 이론보다 더 먼저 나온 이 책은 그 풍족함을 운 좋은 소수들만이 누렸다는 것을 확실하게 보여준다.

이 책을 읽고 또 읽으면 당신도 어느덧 그 속에 들어갈 것이다.

잉글랜드 웨스트요크셔에서 독자 로뷔터

"강도 높은 실험을 거쳤다"

이 책은 철학서가 아니다.

이론을 주장하는 논문이 아닌 실용적 안내서이다.

가장 다급한 문제가 돈이며, 먼저 부자가 되고 나서 이론으로 무장하고자 하는 사람들을 위한 책이다.

시간, 방법 및 철학 공부를 심도 있게 할 기회가 없었던 사람들을 위한 것이다.

결과를 원하는 이들, 과학의 원리를 행위의 기초로 취하고자 하는 이들을 위한 것이며 그 결과에 도달하기 전에 거치는 모든 과정은 생략한다.

마르코나나 에디슨이 발표한 전기 현상의 법칙을 믿듯이 나의 주장을 믿어주길 바란다.

그것을 믿으면 두려움이나 주저 없이 나의 주장을 실천할 것이고 그렇게 함으로써 진실이 증명될 것이다.

그 같은 의지를 행하는 사람은 틀림없이 부자가 될 것이다.

이 책에서 설명하는 과학은 정밀과학이기에 오류가 없다.

그럼에도 불구하고 철학적 이론을 살펴보고자 하거나 믿음의 논리적 근거를 갖고자 한다면 다음에 인용하는 학자들의 저서를 읽기를 권한다.

하나의 본질이 자신의 모습을 드러내기 위해 물질세계의 여러 요소로 나타난다는 일원론은 우주의 기본 원리이며 200년 동안 서구 사상에 점차 영향을 주었다.

그것은 모든 동양철학의 기초를 이루며 데카르트, 스피노자, 쇼펜하우어, 헤겔, 에머슨 등의 사상에 영향을 주었다. 철학적 기본 원리를 찾고자 하면 이들의 책을 읽기를 권한다.

나는 평이한 문체로 독자가 쉽게 읽을 수 있게 하였으며, 행동요령은 강도 높은 실험을 거쳤고 결과는 매우 좋았다. 실천을 통해 변치 않는 결실을 맺고 싶으면 이 책을 읽고 여기서 하라는 대로 행하기 바란다.

비밀은 단지 이뿐이다.

Wallace Delois Wattles

C·O·N·T·E·N·T·S

"

해야 할 일을 하고 있는가!

이것은 가장 중요한 과제이다.

왜냐하면, 당신의 인생에 있어서 오직 하나의 의미는 신

이 원하시는 이 짧고 제한된 시간 속에서 하고 있는가 아

닌가에 달려 있기 때문이다.

당신은 지금 당신이 해야 할 일을 하고 있는가 뒤돌아볼

때다.

-파스칼

부자가 될 수 있는 인간의 권리

생명을 영위하는 인간의 권리는 모든 것을 제한 없이 사용하는 것이다.

가난이 비록 부끄럽지는 않다고 해도 부자가 아니면 진정으로 완전하고 성공적인 삶을 살아가지 못한다. 충분한 물질이 없으면 재능이나 영혼의 발전을 최대화하지 못한다.

영혼의 자유와 능력 발달을 위해서는 많은 물질 사용이 필수인데 돈이 없으면 그 물질을 소유할 수 없기 때문이다.

인간은 물질의 사용으로 마음과 영혼과 육체를 발전

시킨다.

우리가 살아가는 사회는 지나치게 조직화되어 있어서 무언가를 가지려면 부를 확보해야 한다.

따라서 모든 인간의 기본적 진보 원리는 부자가 되는 법이어야 한다.

모든 생명체가 추구하는 목적은 한마디로 말해 발전이다.

생명을 가진 모든 것은 도달 가능한 발전에 이를 원칙적 권리를 갖는다.

생명을 영위하는 인간의 권리는 정신적, 영적, 육체적 자유에 필수적인 모든 물건을 제한 없이 사용할 권리, 즉 부자가 될 권리인 것이다.

나는 이 책을 통해 부를 비교 방식으로 묘사하지는 않을 것이다.

진정한 의미의 부유함이란 소박한 만족을 의미하지 않는다.

그 이상의 것을 사용하고 즐길 줄 아는 사람이라면 그보다 적은 것에 만족할 필요가 없다.

자연의 본성은 생명의 진보와 발전이다. 개인은 각자

생명력, 생명의 아름다움, 그리고 풍요로움에 공헌할 수 있는 모든 것에 충실토록 해야 한다.

평생의 삶에 필요한 모든 것을 소유한 사람을 일반적으로 부자라 칭한다.

사람은 누구나 풍족한 돈 없이 원하는 모든 것을 가질 수 없다.

삶은 진보를 거듭하고 다양해졌기 때문에 평범한 사람들도 완성에 가까운 삶을 누리기 위해서는 더할 수 없을 만큼 많은 부가 필요하다.

사람은 누구나 자신의 능력 안에서 최대한의 결과를 이끌어내려고 한다.

내재된 잠재력을 깨달으려는 그 욕망은 인간의 타고난 본성이라고 할 수 있다.

성공적인 삶은 자신이 원하는 사람으로 변해 가는 과정이다.

사람은 누구나 물질을 사용함으로써 원하는 사람이 되어 간다.

그리고 그 물질을 소유할 만큼 부자가 되어야 마음먹은 대로 그것들을 사용할 수 있다.

따라서 부자가 되는 법을 제대로 이해하는 것은 다른 어떤 지식을 배우는 것보다 중요한 일이다.

부자가 되고자 하는 욕망은 실제로 풍요롭고 알찬 삶을 살기 위해 노력하는 욕망이다.

그러한 욕망이야말로 칭찬을 받아 마땅하다.

풍요로운 삶에 대해 거부감을 갖고 있는 사람은 결코 평범한 사람이 아니다.

부자가 되려는 마음은 지극히 자연스런 현상이다.

원하는 모든 것을 얻을 수 있을 만큼 충분한 여유를 원하지 않는 사람은 자신의 숨겨진 능력을 발휘하지 않으려는 사람이다.

우리가 살아가는 데에는 세 가지 동기가 있다.

'몸'과 '마음'과 '영혼'이 바로 그것이다.

이 셋 중에서 어느 하나도 다른 것보다 덜 중요하거나 저급하지 않다.

이 세 가지 모두가 똑같이 중요하다.

셋 중 어느 것 하나라도 충분히 발휘를 못 하면 온전

한 삶을 살아갈 수 없다.

마음과 몸을 거부하고 영혼만을 위해 살아가는 것은 옳은 일도 고귀한 일도 아니다.

몸과 영혼을 거부하고 지식만을 추구하는 것 또한 잘못된 일이다.

마음과 영혼을 거부하고 육체만을 위해 살아갈 때 어떤 비참한 결과가 오는지 우리는 익히 잘 알고 있다.

진정한 삶이란 몸과 마음과 영혼을 통한 완전한 발현이다.

몸이 제 기능을 다하지 못하고 마음과 영혼 또한 그러하지 못하면 진정한 행복을 누리며 만족한 삶을 살아갈 수 없다.

가능성의 억제, 기능의 미실현이 있는 곳에는 욕망의 불충족이 있게 마련이다.

가능성의 표현과 기능 실현이 곧 욕망이기 때문이다.

인간은 누구나 좋은 음식, 편안한 옷, 안락한 집, 과중한 노동으로부터의 자유가 없으면 육체적으로 충만한 삶을 살아갈 수 없다.

휴식과 오락 역시 육체적 삶에서 꼭 필요한 부분이다.

책을 읽고 공부하거나 여행과 관찰의 기회를 갖거나 지적인 동료를 갖지 못하면 정신적으로 충만한 삶을 살아갈 수 없다.

정신적으로 충만한 삶을 살기 위해서는 지적인 오락을 즐길 줄 알아야 하고, 자기 주변에 쉽게 감상하고 사용할 수 있는 예술작품과 아름다움이 있어야 한다. 영혼이 충만한 삶을 누리기 위해서는 필히 사랑을 가져야 한다.

하지만 사랑의 표현은 바로 가난으로 인하여 자주 좌절이 되곤 한다.

인간이 느끼는 최고의 행복은 사랑하는 사람들에게 이익을 베풀 때 발생한다.

가장 자연스럽고 무의식적인 사랑의 표현은 바로 '주는 행위'이다.

줄 것이 아무것도 없는 사람은 남편이나 아버지, 시민, 더 나아가 인간으로서의 자리를 메꿀 수 없다.

인간이 육체를 편하게 하고 마음을 풍요롭게 표현하며 영혼을 보여줄 수 있는 것은 바로 물질을 사용함으로써 이루어진다.

따라서 부자가 되는 것은 어느 무엇보다 지극히 중요한 일이다.

부자가 되고자 노력함은 매우 옳고 정당한 일이다. 남녀를 불문하고, 나이의 많고 적음을 떠나 정상적인 사고를 가진 사람이라면 부자가 되고자 하는 욕망을 숨기려 하거나 멈추지 않는다.

부자가 되는 법에 관심을 쏟아야 할 지극히 정상적인 이유는 그것이 다른 어떤 방법보다도 훨씬 고귀하고 필수적이기 때문이다.

부자가 되기 위한 공부를 게을리하는 것은 자기 자신과 하나님, 그리고 인류에 대한 의무를 소홀히 하는 것이나 다름없다.

자기 자신의 삶을 충만하게 사는 것이 신과 인류에 대한 봉사임을 잊어서는 안 된다.

"

먼저 검소하고 소박한 삶의 모범을 보여라.

부자는 단순하게 자신보다 더 가난한 형제들을 대신해

재산을 관리하는 대리인이자 피신탁인이 되어야 한다.

그들을 위해 더 나은 지혜와 경험 그리고 능력을 제공해

야 하며 스스로를 위해서 하거나 할 수 있는 일보다는 더

나은 일을 해주어야 한다.

이것이 바로 부자의 의무다.

-앤드류 카네기

부자는
어떻게 만들어지는가

부자들이 부자가 되는 것은 특정 법칙에 따라 행동하기 때문이다.

부자가 되는 것은 과학이다.

그것도 대수학처럼 정밀과학이다.

부를 획득하는 과정에는 그것을 지배하는 몇 가지의 법칙들이 있다.

그 법칙을 익히고 따르면 수학적 정확함으로 반드시 부자가 된다.

돈과 자산의 소유는 어떠한 일을 특정한 방식으로 행동한 결과이다.

그 방식에 따르는 사람들은 의도적이든 우연이든 부자가 되었다.

반대로 그 방식에 따르지 않은 사람들은 아무리 열심히 일을 하고 많은 능력을 가졌다 하더라도 계속해서 가난한 삶을 이어간다.

무슨 일이든지 같은 원인은 항상 같은 결과를 가져오는 것이 자연법칙이다.

따라서 특정한 방식으로 행동하는 법을 배운 사람은 누구든지 부자가 된다.

부자가 되는 것은 꼭 환경의 문제만이 아니다.

환경이 문제라면 일정한 지역에 사는 사람들은 너나 할 것 없이 모두가 부유해야 마땅할 것이다.

어느 도시에 사는 사람들은 모두 부자가 되고 다른 마을에 사는 사람들은 모두 가난에서 벗어나지 못해야 할 것이다.

한 나라에 사는 국민들은 모두 부를 누리고 그 옆 나라에 사는 국민들은 모두 가난에 찌들어 있어야 할 것이다.

같은 환경 속에서도 빈부의 차이가 있고 그 두 부류

가 동일 직종에 종사하는 경우도 왕왕 있다.

같은 지역에 살면서 유사한 직종에 종사하는 두 사람이, 한 사람은 부자로 살고 다른 한 사람은 가난하게 산다면 부자가 되는 것이 환경과는 별 관련이 없다는 사실이 확인된다.

어느 특정한 어떤 환경이 다른 환경에 비해 조건이 좋을 수는 있다.

그러나 서로 이웃해 살면서 같은 직종을 가졌으나 부자가 되는 사람과 그렇지 못한 사람으로 나뉘는 경우는 부자가 되는 것이 특정 법칙에 따라 생기는 결과라는 사실을 그대로 웅변하는 것이다.

또한, 특정 법칙에 따라 행동하는 능력은 재능의 소유 여부에만 국한되지는 않는다.

훌륭한 재능을 지니고 있는 사람이라도 가난을 면치 못한 채 살아가고, 재능이 거의 없는 사람인데도 부자가 되는 경우를 많이 볼 수 있는 것에서 이를 잘 알 수 있다.

부자들을 연구해 보면 그들은 모든 면에서 보통 사람 수준의 평균점이라는 사실을 알 수 있다.

따라서 뛰어난 재능이나 능력이 있어야만 부자가 되는 것이 아니라는 사실이 분명해진다.

그들이 부자가 되는 것은 다름 아닌 특정한 법칙에 따라 행동하기 때문이다.

부자가 되는 것은 저축이나 절약으로 인한 것이 결코 아니다.

매우 검소하게 사는 많은 사람이 가난에 허덕이고, 돈을 물 쓰듯 하는 사람들이 부자인 경우를 우리는 주위에서 자주 볼 수 있다.

같은 원인은 같은 결과를 낳는다.

부자들은 다른 사람들이 실패하는 일을 성공시켜 부자가 되는 것이 아니다.

같은 직업을 가진 두 사람이 거의 똑같은 일을 하지만, 한 사람은 부자가 되고 다른 한 사람은 가난해지거나 파산하는 경우가 있다.

이러한 사실을 고려해 볼 때, 부자가 되는 것은 '특정 법칙에 따라 행동하는 결과라는 당연한 결론에 도달

할 수밖에 없다.

부자가 되는 것이 특정한 방식으로 행하는 결과라면 어떤 사람이든 그 법칙에 따르기만 하면 부자가 될 수 있다는 말과도 같다.

같은 원인이 항상 같은 결과를 보여준다면 우리가 다루고 있는 이 모든 문제는 정밀과학의 영역에 속해 있다고 말할 수 있다.

그런데 특정 법칙에 따르는 것이 너무 어려워서 소수만이 가능한 것일 수도 있다는 의문이 생길 것이다.

그러나 앞에서 말했듯이 선천적 재능이 중요하지 않기 때문에 그것은 사실이 될 수 없다.

재능이 있는 사람도 부자가 되고, 얼간이도 부자가 된다.

매우 똑똑한 사람도 부자가 되고, 그 반대인 사람도 부자가 된다.

육체적으로 강한 사람도 부자가 되고, 허약하고 아픈 사람도 부자가 된다.

어느 정도의 생각하고 이해할 수 있는 능력을 갖추는 것은 물론 중요하다.

그러나 타고난 재능이 없어도 글을 읽고 이해할 수
있는 실력만 있으면 누구든지 충분히 부자가 될 수
있다.

앞에서 환경의 문제는 별로 중요하지 않다고 말했지
만 사실 아주 상관이 없는 것은 아니다.

예를 들어 사하라사막의 한 가운데에서 성공적인 비
즈니스를 기대하기란 쉽지 않은 일일 것이다.

부자가 되는 것은 사람들과의 관계 속에서 생기는 것
이지 혼자서는 절대 이룰 수 없기 때문이다.

그러나 환경의 문제는 그 정도에서 그친다.

당신이 살고 있는 이 도시에서 누군가 부자가 되었다
면 당신도 부자가 될 수 있다.

당신이 살고 있는 곳에서 누군가 부자가 되었다면 당
신 또한 부자가 될 수 있다.

반복하지만 부를 이루는 것은 특정 직업이나 직종과
관련이 있는 것이 아니다.

어느 직종이나 어느 자리에서도 부자가 될 수 있는
것이다.

당신은 자신이 원하는 직업을 선택하여 최선을 다할

것이다.

지금까지 발전시켜 온 자신의 능력이 축적되어 있다면 그 재능을 최대한 발휘할 수 있는 직종에서 최선을 다할 것이다.

또한, 지역적 특성에 맞는 직종을 선택하여 최선을 다할 것이다.

아이스크림 가게는 그린란드에 차리는 것보다 더운 지역을 찾아서 차리는 것이 나을 것이다.

연어 관련업을 한다면 연어가 없는 플로리다보다는 노스웨스트에서 하는 것이 나을 것이다.

일반적인 제한은 차치하더라도, 부자가 되는 것은 어느 산업에 종사하느냐의 문제가 아니라 특정한 법칙을 배워서 어떻게 실행하느냐에 달려 있다.

자신이 몸담고 있는 산업 분야에서 누군가는 부자가 되었는데 자신은 부자가 되지 못했다면 그것은 그 사람이 일을 실행한 방식과 같은 방식으로 당신이 일을 행하지 않았기 때문이다.

빚을 엄청나게 많이 지고 있는 최고의 가난뱅이라도 이 특정 법칙을 따르기만 한다면 틀림없이 부자가 될 수 있을 것이다.

같은 원인은 같은 결과를 낳기 때문에 친구나 영향력, 그리고 자산이 없더라도 부자가 될 것이고 자본이 없다면 자본을 갖게 될 것이다.

자신에게 맞지 않는 사업을 당신이 하고 있다면 점차 당신에게 어울리는 사업을 찾아서 하게 될 것이다.

맘에 들지 않은 곳에서 지금 살고 있다면 곧 좋은 장소로 이사하게 될 것이다.

현재의 직종과 현재 살고 있는 장소에서 성공을 이끌어내는 특정한 방식으로 일을 행하기 시작하면 반드시 그렇게 될 수 있다.

기회는
아무도 독점할 수 없다

자연은 고갈되지 않는 부의 저장소로, 부의 공급은 멈추
지 않는다.

기회를 놓쳤다고 해서, 즉 다른 사람이 부를 독점하
고 타인이 들어올 수 없도록 장벽을 쳤다고 해서 부
자가 될 수 없는 것은 아니다.

그 종류의 사업에 참여할 수 없다면 다른 통로를 뚫
으면 되는 것이지, 연료 및 전력 산업에 참여하지 못
했다고 포기까지 할 필요는 없다.

태양에너지나 풍차같이 자연적 힘을 통한 전력 산업
은 거대한 잠재력을 갖고 있다.

오래지 않아 커뮤니케이션 및 운송의 새로운 시스템 (전기 자동차, 우주여행, 극초단파 전송 등)이 현재 모습과는 매우 다른 형태로 나타나게 될 것이다.

그것들은 대규모 산업으로 발전할 것이고 수십만, 혹은 수백만의 고용을 창출하게 될 것이다.

대기업과 경쟁하는 대신 그러한 사업에 눈을 돌리는 것은 어떠한가?

전력 생산 공장에서 일하는 당신도 예외는 아니다. 당신이 고용주가 될 기회는 거의 없다고 생각하겠지만 특정한 방식으로 행동하기 시작한다면 불가능한 일도 아니다.

당신은 전력 생산 공장을 곧 그만두고 수만 평정도 되는 농장(땅)을 사서 자연식과 유기농산물 재배 사업을 할 수도 있고 또는 작은 면적에서 높은 수확을 올리는 수경 재배를 시작할 수도 있다.

소규모 유기농장을 운영하고자 하는 사람들에게도 기회는 얼마든지 있다.

땅을 매입할 능력이 없다고 말할는지 모른다.

그러나 특정 법칙에 따라 행동하면 땅도 매입하고 농

장을 갖게 될 것이라고 확신한다.

앞으로는 사회 전체의 요구에 따라, 사회적 진화의 각 단계의 요구에 따라 기회의 물결이 여러 방향으로 움직이게 될 것이다.

현재 미국은 탈중심화가 이루어지고 있으며 탈중심화가 가능한 산업으로 중심이 이동하고 있다.

현대 사회는 사무직 근로자보다는 유기농장이나 허브농장을 운영하는 사람들에게 더 많은 기회가 주어지고 있다.

단조로운 일에 매달리는 근로자보다 새로운 에너지 형태나 생태학적 연구에 종사하는 사업가에게 더 많은 기회가 주어지고 있는 것이다.

물살을 헤치며 거꾸로 오르는 대신 물결을 타고 앞으로 나아가려는 사람들에게 더 풍족한 기회가 주어진다.

개인회사나 대기업에 다니는 사무직 근로자들에게도 물론 기회는 있다.

사장이나 거대 기업 아래 눌려 지내라는 법은 없다. 특정한 법칙대로 행동하기 시작하면 노동자 계급은 지배 계급이 된다.

부의 법칙은 어느 계급에도 마찬가지로 적용된다.

지금의 방식을 고수하는 노동자는 계속 노동자로 남게 될 것이다.

그러나 노동 계급의 특징인 무지함이나 정신적 게으름에 빠지지 않는 노동자는 부자가 될 기회의 물결을 탈 수 있다.

이 책에는 그 물결을 타는 방법이 제시되어 있다.

자연은 고갈되지 않는 부의 보고이다.

부의 공급 부족은 가난의 원인이 되지 못한다.

이 세상에는 모두에게 풍족하게 돌아가고도 남을 만큼의 부가 존재한다.

미국 한 나라에 있는 건축 재료로만 전 세계의 모든 가족에게 워싱턴의 국회의사당 크기의 궁궐을 지어 줄 수 있다.

미국에서 집약적 경작으로 울, 코튼, 리넨, 실크, 농작물을 생산해내면 전 세계 인구의 의식(衣食)을 해결할 수 있다.

눈으로 헤아릴 수 있는 공급은 어마어마하며, 눈에 보이지 '않는 공급까지 따지면 실로 엄청나다.

지구상에 존재하는 모든 가시적인 것은 그 과정이야 어떻든 하나의 근원적 물질로 이루어져 있다.

새로운 형태가 끊임없이 만들어지고 옛것은 용해된다. 그러나 그 모든 것은 하나의 물건을 이리저리 꾸민 모양에 지나지 않는다.

무형 물질 혹은 근본 물질의 공급에는 제한이 없다. 우주는 그것으로 만들어졌지만, 그것을 모두 소비해 세상을 만든 것은 아니다.

지구상에 존재하는 모든 형태의 내부 및 틈새를 채우고, 통과하는 공간들은 근본 물질, 즉 무형 물질과 천연 재료로 만들어져 있다.

1만 개의 우주가 아직도 더 만들어질 수 있으며 그때에도 우주의 천연 재료는 고갈되지 않을 것이다.

따라서 자연이 빈약하거나 모두에게 돌아갈 만큼 충분하지 않아서 부자가 되지 못하는 일은 없는 것이다.

자연은 고갈되지 않는 부의 저장소이다.

공급은 영원히 계속될 것이다.

근본 물질은 창조적 에너지를 발산하고 계속해서 새로운 형태를 생산해낸다.

건축 재료의 공급이 중단되면 더 만들어질 것이다. 흙이 모자라서 음식이나 옷감 재료들이 경작되지 못하면 흙이 재생되거나 새로운 형태의 흙이 만들어질 것이다.

인간이 금과 은을 필요로 하는 사회적 발달 단계를 지속해 지구에 파묻힌 원석들을 모두 소비한다면 무형 물질로부터 더 많은 것이 생산되어질 것이다.

무형 물질은 항상 인간의 요구에 부응하기 때문에 인간들에게 계속적으로 좋은 물건을 제공할 것이다.

이것은 인류 전체를 놓고 보았을 때 사실이다.

전체로 보면 언제나 부가 넘친다.

개인이 가난한 것은 자신을 부자로 만들어주는 특정한 방식을 따르지 않았기 때문이다.

무형 물질에는 지능이 있다.

그것은 생각하는 물질이다.

살아 있으며 생명의 진보를 추구한다.

생명이 진보를 추구하는 것은 생명의 자연스럽고 고

유한 본능이다.

지능이 있는 생명체가 자신을 확장 시키고 삶의 질을 높이며 경계를 넓혀 충만한 발현을 찾는 것은 자연스런 일이다.

형태의 세계는 살아 있는 무형 물질로 만들어졌다. 무형 물질이 충만한 발현을 위하여 자신을 형태 속에 던진 것이다.

우주는 생명과 기능이 충만한 곳을 향해 자꾸만 움직이는 거대한 생물이다.

자연은 생명의 진보를 위해 존재한다.

자연의 동기는 생명의 진보이다.

그런 이유로 생명이 붙어 있는 지구상의 모든 것은 아낌없는 공급을 받을 수 있다.

단언컨대, 신이 허락하는 한 공급 부족은 있을 수 없다. 가난이 지속되는 이유는 부의 공급 부족이 절대 아니다. 특정한 법칙에 따라 사고하고 행동하는 사람들은 누구라도 무형 물질을 자유자재로 쓸 수 있다는 사실을 좀 더 밝혀 보기로 하자.

"

돈이 독립을 위한 당신의 희망이라면, 당신은 결코 그 독

립을 얻지 못할 것이다.

인간이 이 세상에서 가질 수 있는 유일하고 실제적인 안

전장치는 바로 지식과 경험, 그리고 능력을 쌓는 것이다.

-헨리 포드

부를 창조하는
첫 번째 특정 법칙

의심이 고개를 들고, 신념이 흔들리면 모든 노력이 물거품이 된다.

무형 물질로부터 손에 쥘 수 있는 부를 생산해 낼 수 있는 원천은 '생각'이다.

만물의 근원은 사고하는 물질이다.

이 물질 안에서 형태에 대한 사고가 일어나면 형태가 생산된다.

근본 물질은 자신의 사고에 따라 움직인다.

자연에서 볼 수 있는 모든 형태의 과정은 근본 물질 내에 있는 사고의 가시적 표현이다.

근본 물질이 형태를 생각하면 형태를 취하게 되고, 움직임을 생각하면 움직임을 취한다.

그것이 모든 사물이 만들어지는 방식이다.

우리는 사고하는 세계에서 살고 있고 이 세계는 사고하는 우주의 일부이다.

'이동하는 우주'에 대한 사고가 무형 물질 전체로 퍼진다.

그 사고에 기인하는 '생각하는 물질'은 태양계의 행성 시스템에 따른 형태를 띠고, 그 형태를 계속 유지하였다.

'생각하는 물질'의 형태와 움직임은 사고에 의해 정해진다.

태양과 지구의 궤도 시스템을 사고하면 그러한 형태를 지니고 거기에 따라 움직이게 된다.

하나의 작업을 실행하는 데 수 세기가 걸렸을지도 모르지만, 서서히 자라는 나무의 형태를 생각함으로써 무형 물질은 나무를 생산한다.

무형 물질은 창조되는 과정에서 움직임의 선을 따라 이동하는 것처럼 보인다.

참나무에 대한 사고가 다 자란 나무의 형태를 만들어 내지는 않는다.

사고는 단지 나무의 성장 곡선이 가동하도록 만들어 줄 뿐이다.

형태의 모든 사고는 그 형태를 창조한다.

그러나 항상, 아니 적어도 일반적으로는 이미 성립된 성장과 행동의 선을 따른다.

일정한 구조를 지닌 집에 대한 사고가 무형 물질에 형태를 만드는 것은 사실이지만, 그 집의 완성된 형태를 즉각적으로 이루어 내는 것은 아니다.

이미 작동하고 있는 창조적 에너지를 빠른 속도로 집을 만들어 낼 수 있는 통로로 들여보내 주는 역할을 한다.

그러나 창조적 에너지가 작동할 수 있는 통로가 없다면 유기물 및 무기물의 느린 과정을 거치지 않은 채 천연 물질에서 곧바로 형태를 갖춘 집이 탄생하게 될 것이다.

형태의 창조를 만들어내지 않고 근본 물질에 모양을 찍는 사고는 있을 수 없다.

인간이 사고의 중심이자 근원이다.

인간이 손으로 만들어내는 모든 형태는 틀림없이 사고에서 나온 것이다.
어떤 물건에 대한 사고가 생길 때야 비로소 그 물건의 모양이 만들어지는 것이다.
지금까지는 수작업으로 노력이 국한되었고, 형태의 세상에 수공이 적용되어 기존의 형태를 변형시키려 했다.
무형 물질에 사고의 틀을 새겨 새로운 형태를 창조하려는 생각은 해본 적도 없었다.
인간은 어떤 사고의 형태가 생기면 자연으로부터 재료를 취해 마음속으로 그 형태의 영상을 만들지만, 지금까지는 무형 물질의 지능과 협동을 거의 하지 않았다.
다시 말해 '신과 함께' 일하고, 신이 하신 일을 시도해보려는 꿈도 꾸지를 않았다.
사람은 오직 수공으로 기존의 형태를 바꾸고 변형시켰다.

사고를 통해 무형 물질로부터 물건을 생산할 수 있다는 사실을 생각조차 해보지 않은 것이다.

나는 인간이면 누구라도 그 일을 할 수 있다는 것을 증명하고 그 방법을 보여주려 한다.

세 가지 기본 전제를 제시하는 것이 그 첫 단계이다. 첫째, 하나의 근본 무형 물질에서 모든 사물이 만들어진다.

여러 요소로 보이는 것이 사실은 한 가지 요소의 다른 형태이다. 유기물과 무기물의 자연에서 발견되는 여러 형태는 같은 것으로부터 만들어진 다른 외양일 뿐이다.

그리고 그 한 가지 요소란 '생각하는 물질(thinking stuff)'이다.

생각하는 물질 속에 있는 사고는 그것의 형태를 만들고 또한 모양을 만들어낸다.

인간은 사고의 중심이고 독창적인 사고를 할 능력이 있다.

인간이 '생각하는 근본 물질(original thinking substance)'과 자신의 생각을 주고받을 수 있다면 자신이 생각하는 물건의 형태를 만들 수 있을 것이다.

이것을 요약하면 다음과 같다.

생각하는 물질이 있다.

그것은 만물의 근원이며 우주의 모든 공간을 침투해 스며들고 가득 채운다.

이 물질 내에 있는 사고는 생각에 의해 영상화된 것을 생산해낸다.

인간은 머릿속으로 어떤 형태의 것이라도 만들어 낼 수 있다.

무형 물질 위에 자신이 생각해낸 형태를 형상화함으로써 그것을 창조할 수 있다.

원하는 방식으로 행동하고 싶은가?

나는 연역과 귀납으로 위의 주장을 증명할 수 있다.

형태와 사고의 현상으로부터 거꾸로 추론하면 하나

의 '생각하는 근본 물질'에 이르게 된다.

따라서 생각하는 물질에서 시작해 정리해 나가면 사물의 형태를 존재하게 하는 개인의 힘에 다다르게 된다.

실험으로도 이 주장이 사실이라는 것을 알 수 있는데 이것이야말로 가장 강력한 증거이다.

이 책 ≪부자의 법칙≫을 읽은 사람이 내가 제시하는 대로 행동하여 부자가 된다면 내 주장을 지지하는 증거가 된다.

나아가서 내 말을 들은 사람들 모두가 부자가 된다면 누군가 과정 중에 실패를 할 때까지는 내 주장이 틀리지 않다는 증거가 될 것이다.

실패자가 나올 때까지 이 이론은 사실이다.

내가 하라는 대로 정확히 행하는 모든 사람은 틀림없이 부자가 될 것이기 때문이다.

특정 법칙에 따라 일을 행하면 부자가 된다고 주장했다.

그렇게 하기 위해서는 특정한 방식으로 생각할 줄도 알아야 한다.

행동 방식은 그 행동에 대한 사고방식의 직접적인 결

과이기 때문이다.

원하는 방식으로 어떤 일을 행하고 싶으면 자기 의지대로 사고하는 능력을 길러야 할 것이다.

이것이 부자가 되는 첫 번째 단계이다.

생각하고자 하는 것을 사고하려면 겉모습에 상관없이 '실제'를 생각해야 한다.

사람은 누구나 자신의 의지대로 생각할 천부적인 능력을 지니고 있다.

이것은 본능이다.

그러나 겉모습에 의해 암시된 '실제적 사고'를 생각하려면 보다 더 많은 노력을 기울여야 한다.

겉모습에 따라 생각하는 것은 쉽다.

겉모습을 무시하고 '실제'를 생각하는 것은 매우 힘든 일이며 많은 에너지를 소모 시킨다.

행동을 하면서 지속적인 사고를 하라.

대부분의 사람은 행동을 하면서 지속적인 사고를 하지 않는다.

그것이 세상에서 가장 힘든 일이기 때문이다.

'실제'가 겉모습과 반대의 모습을 띠고 있을 때 특히 그렇다.

가시적 세상의 모든 겉모습은 그것을 보는 마음에 따라 형태를 만드는 경향이 있다.

그것은 '실제'를 유지하려는 생각의 힘을 차단한다.

질병의 겉모습을 들여다보는 것은 자기 마음속에, 결국에는 자기 몸에 질병의 형태를 만들어내는 일이다.

그런 태도를 취하는 대신 질병이 존재하지 않는다는 사실을 계속 생각해야 한다.

질병은 겉모습일 뿐이고 실제는 건강이다.

가난의 겉모습을 자세히 들여다보는 것은 자기 마음속에 그에 해당하는 형태를 만들어내는 일이다.

그렇게 하는 대신 가난이 존재하지 않는다는 사실을 깊이 새겨야 한다.

세상에는 오로지 부유함만이 있을 뿐이다.

질병의 겉모습에 둘러싸여 있을 때 건강을 생각하려면, 또는 가난의 겉모습 한가운데에 빠져 있을 때 부유함을 생각하려면 반드시 힘이 필요하다.

이 힘을 얻는 사람은 자기 마음의 주인이 된다.

그는 운명을 정복하고 자기가 원하는 것을 얻게 된다.

이 힘은 겉모습 뒤에 숨어있는 근본 사실을 깨달음으로써 얻어질 수 있다.

생각하는 물질이 있고 그것으로부터 만물이 만들어진다는 사실이 그것이다.

그 사실을 깨달은 다음, 이 물질 안에 들어 있는 모든 생각이 하나의 형태를 이룬다는 것, 그리고 인간은 그 물질에 자기 생각을 새겨 형태를 만들고, 그것이 눈에 보이는 사물이 된다는 사실을 잊지 않아야 한다.

그런 다음에는 자기 의지대로 창조할 수 있다는 것을 알기 때문에 모든 두려움과 의심이 사라진다.

갖고자 하는 것을 얻을 수 있고 되고자 하는 것이 이루어질 수 있다.

부자가 되는 첫 번째 단계로 제시된 앞의 세 가지의 기본 전제를 믿어라.

그 중요성의 강조를 위해 다시 한번 언급하겠다.

생각하는 물질이 있다.

그것은 만물의 근원이며 우주의 모든 공간을 침투해 스며들고 가득 채운다.

이 물질 내에 있는 사고는 생각에 의해 영상화한 것을 생산해낸다.

인간은 머릿속으로 어떤 형태의 것이라도 만들어 낼 수 있다.

무형 물질 위에 자신이 생각해낸 형태를 형상화함으로써 그것을 창조할 수 있다.

일원론 이외의 다른 개념들은 모두 지울 수 있어야 한다.

이 개념이 자신의 마음속에 자리 잡고 습관적 사고가 될 때까지 되뇌어야 한다.

한 마디 한 마디를 머릿속에 새기고 그 말을 굳게 믿을 때까지 숙지한다.

의심이 고개를 들면 죄악인 양 던져 버린다.

이 생각에 반대하는 자의 말은 듣지 않는다.

이 생각에 반대되는 개념의 강의는 듣지 말고, 그런 설교를 하는 교회에는 가지 않는다.

잡지나 책도 마찬가지이다.

이와 다른 생각을 가르치려 드는 것이라면 아예 읽지를 않는다.

신념이 흔들리면 모든 노력이 물거품으로 변하기 때문이다.

이 주장이 사실인지도 절대 묻지 않는다.

그것이 어떻게 진실이 될 수 있는지도 생각하지 않는다.

단순히 받아들이고 믿는다.

부자가 되는 법은 이 믿음을 절대적으로 받아들이는 것으로부터 시작된다.

육체·정신·영혼의 기능 수행 법칙

가진 것이 많아야 지식을 많이 쌓고, 더 나은 존재가 될
수 있다.

가난하게 사는 것도 신의 뜻이요, 빈곤 속에서 평생
헤어나지 못하는 것 또한 신의 의도라는 그릇된 옛
생각은 이제 머릿속에서 지워야 한다.

모든 것의 근원이며 만물 속에서 살아 있는 지능 물
질은 바로 우리 안에서 살고 있다.

그것은 스스로 움직이는 생물이다.

의식을 지닌 생물이 되기 위해서는 지능을 가진 모든 생물에 내재된 생명의 진보라는 욕구를 가져야 한다.

모든 생물은 생명의 진보를 지속적으로 추구한다.

생명은 산다는 단순한 행위만으로도 스스로 진보하기 때문이다.

땅에 떨어진 하나의 씨앗은 싹을 틔우고 살아가는 행위 속에서 수많은 씨앗을 생산한다.

생명은 살아가면서 스스로 수를 늘인다.

생명은 영원히 증가하고 존재하기 위해서 운명적으로 그 일을 계속할 수밖에 없다.

지능 역시 같은 필요성에 의해 계속적인 증가를 한다.

생각하는 모든 사고는 또 다른 사고를 일으킨다.

의식 역시 계속 증가한다.

배워서 얻게 된 모든 지식은 또 다른 지식을 배우도록 만든다.

지식은 계속해서 증가한다.

재능은 또 다른 재능을 키울 욕구를 가져온다.

우리는 너나 할 것 없이 삶의 충동에 지배받는다.

이 충동을 발현하기 위해서 다양한 사고를 하고, 지

식을 더 쌓고 재능을 더 키우려 하고, 더 많은 행위를
하며 더 나은 무언가가 되려고 한다.

보다 많은 지식을 쌓고, 보다 많은 행위를 하고, 보다
나은 존재가 되기 위해서는 무엇보다 가진 것이 많아
야 한다.

물질을 사용함으로써 그 가능성이 높아지기 때문에
우리는 물질을 소유해야 한다.

보다 나은 삶을 살기 위해서 부자가 되어야 하는 것
이다.

부에 대한 욕망은 충만함을 추구하는 생명이 가진 능
력일 뿐이다.

모든 욕망은 발현되지 않은 가능성이 표현되려 하는
노력이다.

그것은 자신을 나타내기 위한 힘이고 그것이 욕망을
불러일으킨다.

더 많은 돈을 원하도록 만드는 것은 마치 식물을 자
라게 하는 힘과 같다.

그것이 바로 더 충만한 발현을 찾는 생명력이다.

생명이 있는 물질은 평생 이 법칙에 따르도록 되어

있다.

그것은 생명을 진보시키려는 욕망으로 가득 차 있다.

따라서 사물을 만들어 낼 필요를 느낀다.

우리 안에 있는 이 물질은 삶의 진보를 원하고, 그렇기 때문에 사용 범위 내에 있는 모든 물건을 소유하려고 한다.

삶은 기능의 실행이다.

인간이 부자가 되어야 하는 것은 바로 신의 욕망이다.

인간이 풍족해야만 그들을 통해 자신을 더 잘 표현할 수 있기 때문에 신은 인간이 부를 누리기를 원한다.

우리에게 삶의 수단을 통제할 무제한의 힘이 있다면 신은 우리 안에 더 오래 머물 수 있다.

우주는 우리가 갖고자 하는 모든 것을 갖길 바란다.

자연은 우리의 계획에 우호적이다.

부자연스러운 것은 아무것도 없다.

이것이 사실이라는 것을 꼭 명심하라.

그러나 자신의 목적이 만물의 목적과 조화를 이루어

야 한다는 것을 잊어서는 안 된다.

단순한 쾌락이나 감각적 자극이 넘치는 삶이 아닌 진정한 삶을 원해야 한다.

삶은 기능의 실행이다.

개개인은 모든 기능, 즉 육체적, 정신적, 영혼의 기능을 능력껏 수행할 때 진정한 삶을 영위할 수 있다.

당신은 동물적 쾌락을 추구하는 삶을 살기 위해 부자가 되려 하지는 않을 것이다.

그러나 모든 육체적 기능의 수행은 삶의 일부이기 때문에 정상적이고 건강한 육체적 표현의 충동을 거부하고는 완전한 삶을 살 수 없다.

당신은 정신적 만족만을 누리기 위해 부자가 되려 하지는 않을 것이다.

지식을 얻고 야망을 채우고 남들 보다 뛰어나 유명해지려는 모든 것들은 삶의 정당한 일부이다.

그러나 지적 쾌락만을 위해 사는 사람은 부분적 삶을 살 뿐이다.

결코 온전한 만족감을 누릴 수 없다.

당신은 오직 베푸는 삶을 살기 위해 부자가 되려 하

지는 않을 것이다.

인류의 구원과 박애 및 희생의 기쁨만을 위해 자신을 내팽개치는 것은 옳은 일이 아니다.

영혼의 기쁨 역시 삶의 일부일 뿐이다.

삶의 다른 부분보다 더 나을 것도 없고 고귀할 것도 없다.

우리는 배가 고프면 먹고 목이 마르면 마시고 때가 되면 결혼해서 가정을 이루기 위해 부자가 되기를 원한다.

아름다운 물건들로 주위를 가득 채우고 세계 곳곳으로 여행을 떠나고 마음의 양식을 얻고 지능을 발전시키기 위해 부자가 되려 한다.

사람들을 사랑하고 선행을 베풀며 진실을 찾기 위한 일에 힘이 되고자 부자가 되려 한다.

그러나 극도의 이타주의는 극도의 이기주의보다 더 나을 것도 더 고귀할 것도 없다는 사실을 기억하라.

두 가지 모두 잘못된 방향이다.

자신을 희생해서라도 타인을 돕는 것이 신을 기쁘게 하는 일이라고 생각하지 말라.

그것으로 신의 은총을 얻는다고 생각하지 말라.

신은 결코 그런 일을 요구하지 않는다.

신이 진정으로 원하는 것은 인간이 최상의 발현을 하는 것이다.

그것은 자신뿐 아니라 타인을 위한 길이기도 하다.

또한, 최상의 발현을 하는 것이 다른 무엇보다도 타인을 돕는 길이다.

당신은 오직 부자가 됨으로써 최상의 발현을 할 수 있는 것이다.

따라서 부를 얻기 위한 노력을 일생일대의 목표로 삼는 것은 당연하고 칭찬받아 마땅한 일이다.

경쟁자가 되지 말고 창조자가 되어라.

물질에 대한 욕망이 모두를 위하는 것이라는 사실을 명심하라.

욕망의 움직임은 모두를 더 나은 삶으로 이끄는 것이어야지, 누구에게도 피해를 주는 것이어서는 안 된다.

물질에 대한 욕망은 만물과 만인을 위한 부와 삶의 추구이기 때문이다.

지능을 가진 물질은 당신을 위한 물건을 만들어내는 것이지, 다른 사람의 것을 당신에게 주는 것이 아니다.

경쟁심을 갖지 말라.

이미 만들어진 것과 경쟁하지 말고 창조해야 한다.

누군가의 것을 빼앗아 올 필요가 없다.

애써 흥정할 필요도 없다.

사기를 치거나 이익을 취할 필요도 없다.

보수를 적게 주면서 일을 시킬 필요도 없다.

남의 재산을 탐내거나 부러워하며 시기의 눈으로 쳐다볼 필요도 없다.

그가 가진 것 중 당신이 가질 수 없는 것은 없다.

그가 갖고 있는 것을 빼앗지 않고도 당신은 그것을 가질 수 있다.

경쟁자가 되려 하지 말고 창조자가 되어라.

갖고자 하는 것을 갖되, 그것을 가질 때에 다른 사람들이 현재보다 많은 것을 얻을 수 있는 방식으로 가질 수 있어야 한다.

앞서 말한 것과는 완전히 반대되는 과정으로 막대한 돈을 모아 부의 권력을 누려온 사람들이 있다는 사실을 잘 알고 있다.

경쟁에 관한 한 뛰어난 능력을 발휘하여 큰 부자가 된 금권주의자들이 그들이다.

그러나 때로는 산업의 성장처럼 그들도 무의식적으로 인류 발전 운동에 물질로서 조화를 이루었다고 생각한다.

록펠러, 카네기, 모건 등은 자신도 모르게 초월적 힘을 대신해 생산업의 체계화 및 조직화를 이루어 낸 사람들이다.

그들은 모두의 삶을 진보시키는 데에 막대한 공헌을 하여 지금껏 인정받고 있다.

그들이 이루어 낸 조직 생산을 곧바로 뒤이은 부류는 유통기구를 조직한 사람들이다.

억만장자들은 선사시대에 살았던 공룡과 같다.

그들은 진화 과정의 필수적 부분을 담당하지만, 그들을 생산해냈던 바로 그 힘에 의해 죽음을 맞이하게 될 것이다.

그들이 진실로 부자인 적은 한 번도 없었다는 사실을 잘 기억해야 한다.

그 부류에 속했던 사람들의 개인적 삶의 기록을 보면 극빈한 생활을 했었다는 사실을 알 수 있다.

공급은 제한이 없다.

경쟁을 모토로 모아진 부는 만족도 없고 영원하지도 않다.

오늘은 내 것이지만 내일이면 다른 사람의 것이 될 수도 있기 때문이다.

특정 법칙에 따라 과학적으로 부를 얻기 위해서는 경쟁적 마인드로부터 완전히 벗어나야 한다.

공급이 제한되어 있다는 생각을 잠시라도 해서는 안 된다.

돈이 한쪽으로 치중되고 은행가 등에 의해 조절되므로 이 과정에 개입해 돈을 모아야겠다고 생각하는 순간 경쟁심 속에 빠져들게 된다.

그렇게 되면 창조를 해야 할 힘이 사라지는 것에 그치지 않고, 이미 간직하고 있던 창조적 움직임마저 멈추게 된다.

땅속에는 수백만 달러의 값어치에 해당하는 엄청난 금광이 묻혀서 잠자고 있다.

만약 금광이 없다고 해도 우리들의 필요를 충족시켜 줄 물질이 생각하는 물질로부터 다시금 창조될 것이다. 필요한 돈이 생길 것이다.

새로운 금광의 발견을 위해 수천 명의 사람이 필요하다고 해도 원하면 이루어질 것이다.

가시적인 공급에 눈을 돌리지 말고 무형 물질의 제한 없는 부를 주목해야 한다.

그리고 그것을 빨리 받아들여 사용할수록 빨리 다가온다는 사실을 깨달아야 한다.

누군가가 모든 것을 독점할 것이라는 생각은 가시적인 것만 보기 때문에 생기는 것이다.

집 지을 준비를 하기도 전에 최고의 건물을 지을 수 있는 장소를 모두 빼앗길 것이라는 생각은 꿈에라도 하지 말아야 한다.

기업이나 기업 연합이 지구 전체를 소유할 것이라는 두려움에 떨 필요도 없다.

다른 사람에게 밀려 자신이 원하는 것을 잃을 수도 있다는 생각은 정말로 쓸데없는 짓이다.

그런 일은 일어나지 않는다.

다른 사람이 소유한 것을 얻고자 하는 것이 아니라 무형 물질로부터 창조된 것을 얻고자 함이기 때문이다.

공급은 무한하다!

다시 한번 다음의 문구들을 명심하도록 하라.

생각하는 물질이 있다.

그것은 만물의 근원이며 우주의 모든 공간을 침투해 스며들고 가득 채운다.

이 물질 내에 있는 사고는 생각에 의해 영상화된 것을 생산해낸다.

인간은 머릿속으로 어떤 것들의 형태를 만들어 낼 수가 있다.

부를 창조하는
영상의 법칙

경쟁심을 창조적 마인드로 바꾸면 사업적 거래가 정확히
파악된다.

힘들여서 흥정할 필요가 없다는 것을 앞에서 밝혔다.
하지만 그것은 전혀 흥정할 필요가 없다거나 다른 사
람들과 거래할 필요가 없다는 뜻은 아니다.
단지 그들과 불공정한 거래를 할 필요는 없다는 뜻
이다.
아무도 주지 않고 받을 수는 없다.

받는 것보다 많은 것을 모든 이들에게 줄 수 있다.

가져오는 것보다 많은 현금 가치를 상대에게 줄 수는 없다.

그러나 그 사물의 현금 가치보다 많은 사용 가치를 그에게 줄 수는 있다.

이 책을 만드는 데 쓰이는 종이, 잉크 등은 책 가격보다 적은 가치를 지니고 있을 것이다.

그러나 이 책에 담긴 사상이 수천 달러를 벌게 해주었다면 이 책을 산 사람은 판매상과의 거래에서 손해를 본 것이 아니다.

판매상들은 적은 현금 가치를 받고 커다란 사용 가치를 제공한 것이 된다.

문명화된 도시에서 수천 달러의 가치를 지닌 그림 하나를 당신이 소유하고 있다고 가정해 보자.

당신은 그 그림을 배핀 베이(Baffin Bay)에 가져가서 영업 능력을 발휘해 한 에스키모인을 설득하고, 500 달러의 값어치가 있는 모피와 교환한다.

그때 당신은 에스키모인과 부정한 거래를 한 것이 된다.

그 그림은 그에게 효용 가치가 전혀 없고 삶에 보탬이 되지 않기 때문이다.

그러나 그에게 50달러짜리 총 한 자루를 주고 모피와 교환을 했다고 하면 그것은 좋은 거래를 한 것이 된다.

에스키모인에게 총은 필요한 물건이다.

그것으로 모피와 식량을 더 많이 장만할 수 있기 때문이다.

총은 그의 삶의 여러 방면에 유익하고 그를 부자로 만들어 줄 수 있다.

어느 누군가와 거래를 했는데 삶을 증진시키는 측면에서 내가 상대에게 준 것보다 그에게 받은 것이 더 많을 때는 거래를 중단해야 한다.

거래할 때는 누구에게도 손해를 입혀서는 안 된다. 타인에게 손해를 끼치는 사업에 참여하고 있다면 즉시 그곳에서 빠져나와야 한다.

우리는 상대로부터 받는 현금 가치보다 많은 사용 가치를 주어야 한다.

그래야만 거래를 통해서 모든 이들의 삶을 윤택하게

만들 수 있다.

당신 밑에서 일하는 직원이 있다면 월급으로 지불되는 현금 가치보다 많은 것을 그들로부터 얻어내야 한다.

단, 직원들이 일을 하면서 매일 조금씩 발전할 수 있도록 진보의 원칙으로 가득 찬 일터이어야 한다.

이 책이 당신에게 주는 것을 직장에서 당신의 직원들에게도 줄 수 있다.

모든 직원이 부를 향해 한 계단씩 올라갈 수 있도록 사업을 운영해야 한다.

기회를 잡지 않는 직원이 있다면 그것은 당신의 잘못이 아니다.

당신의 주위를 가득 채우고 있는 무형 물질로부터 부를 일구어낸다고 해도 재산이 갑자기 모습을 드러내어 눈앞에 펼쳐지지는 않는다.

예를 들어 컴퓨터를 갖고 싶다고 하자.

생각하는 물질에 컴퓨터의 사고를 새기기 전에 컴퓨터의 영상을 마음속에 뚜렷하게 새겨 보는 것이 좋다.

컴퓨터를 원한다면 그것이 만들어지고 있거나, 나에게 오고 있는 중이라고 긍정적인 마음으로 영상을 만든다.

사고가 형성되면 컴퓨터가 다가온다는 확고하고 절대 흔들리지 않는 신념을 지녀라.

그것을 갖게 되리라는 자신감 없이는 절대 생각하거나 말하지 말라. 이미 자신의 것인 양 그 권리를 주장하라.

마음을 지배하는 초월적 힘이 원하는 것을 당신에게 가져다줄 것이다.

메인 주에 산다면 텍사스나 아시아에서 어떤 사람이 와서 거래를 하자고 할 것이고, 그 결과 당신은 원하는 것을 얻게 될 수 있다.

그렇게 된다면 그 사람과 당신 둘 다 이익을 얻는 쪽으로 문제의 매듭이 지어질 것이다.

생각하는 물질이 만물에 내재되어 있고 만물과 교류하며 모든 것에 영향을 미칠 수 있다는 사실을 잠시라도 잊어서는 안 된다.

삶을 증진시키고 행복을 추구하는 생각은 물질의 욕

망과 이미 만들어진 모든 컴퓨터의 창조를 일으켰고 앞으로도 헤아릴 수 없을 만큼 많은 컴퓨터를 만들어 낼 것이다.

특정 법칙에 따라 행동하라.

의지와 신념을 갖고 활동하는 모든 곳에서 같은 일이 일어날 것이다.

당신은 분명히 컴퓨터를 가질 수 있다.

자기 자신과 타인의 삶의 진보를 위해 쓰는 한, 우리는 원하는 것은 무엇이든 가질 수 있다.

신념이 목적을 이룬다.

예수께서는 이렇게 말씀하셨다.

"너에게 왕국을 내려주는 것은 너의 하나님의 기쁨이니라."

근본 물질은 우리 안에서 가능한 한 풍족하게 살기를 원한다.

근본 물질은 가장 풍족한 삶을 살기 위해 쓰일 수 있는 모든 것을 우리가 소유하기를 바란다.

부를 소유하고픈 욕망이 더욱 완전한 발현을 위한 초월적 힘의 욕망과 하나라는 사실을 강하게 의식하고 있으면 신념은 절대로 흔들리지 않는다.

언젠가 한 소년이 피아노 앞에 앉아 건반을 두드리며 맞지도 않는 음을 연주하고 있는 모습을 보았다.

소년은 낙담한 표정이었고 음악다운 음악을 연주하지 못하는 것에 대해 매우 화가 난 것 같았다.

내가 소년에게 왜 그런 표정이냐고 묻자 이렇게 대답했다.

"내 안에 있는 음악을 느낄 수는 있지만, 손이 잘 따라주지 않아요."

소년의 마음속에 있는 음악은 모든 생명의 가능성을 담고 있는 근본 물질의 충동이다.

음악으로 이루어진 모든 것이 아이를 통해 발현되는 것을 찾고 있는 것이다.

'유일 물질(one substance)'인 신은 인류를 통해 삶을 살고 일을 하고 즐기려고 노력한다.

그는 이렇게 말한다.

"나는 훌륭한 건물을 짓고, 아름다운 음악을 연주하

고, 멋진 그림을 그릴 손을 원한다.

심부름을 대신할 다리를 원하고, 나의 아름다움을 볼 눈을 원하며, 장엄한 진실과 멋진 노래를 부를 혀를 원한다."

가능한 모든 것이 인간을 통해 표현될 길을 찾고 있는 것이다.

신은 음악을 연주할 수 있는 이들이 필요한 악기를 갖기를 원하고 재능을 충분히 펼칠 수 있는 수단을 갖기를 원한다.

아름다움을 제대로 평가할 수 있는 이들이 주위를 아름답게 치장할 수 있기를 원한다.

진실을 구별해 낼 수 있는 이들이 여행하고 관찰할 기회를 갖기를 원한다.

옷을 고를 줄 아는 이들이 멋스러운 옷을 입기를 원하고, 미식가들이 호사스러운 음식을 만끽하기를 원한다.

신이 이 모든 것을 원하는 것은 그 역시 그런 것들을 즐기고 감상하기 때문이다.

연주하고, 노래하고, 아름다움을 즐기며 진실을 주장

하고, 좋은 옷을 입고, 맛있는 음식을 먹고자 하는 이가 바로 신이다.

바울은 말한다.

"너희의 의지와 행동을 결정하는 이가 하나님이시다."

주저하지 말고 많이 요구하라.

부를 향한 욕망은 피아노 앞에 앉아 있던 소년 안에서 표현할 방법을 찾던 조물주처럼 내 안에서 자기 자신을 표현하려 애쓰는 조물주이다.

많이 요구하기를 주저할 필요가 없다.

당신이 할 일은 신의 욕망에 초점을 맞추고 요구하는 것이다.

대부분의 사람들이 어려워하는 것이 바로 이 부분이다.

가난과 희생이 신에게 기쁨을 주는 것이라는 옛 생각에 매여 주저하는 것이다.

사람들은 가난을 신의 의도 중 하나라고 보고 자연의

필수적인 요소라고 생각한다.

그들은 신이 일을 끝냈으며 만들 수 있는 것은 모두 만들어졌다고 단정한다.

대다수의 사람들은 돌아다닐 만한 여유가 없으므로 한곳에 머물러야 한다는 고정 관념을 갖는다.

인간은 이 잘못된 생각에 지나치게 빠져 있어서 부를 달라고 요구하는 것에 부끄러움을 느낀다.

매우 평범한 능력, 다시 얘기해서 불편함만 겨우 면할 정도 이상의 것을 원하지 않으려고 노력한다.

나는 한 청년에게 그가 원하는 물건의 선명한 그림을 마음속에 그리면 그 창조적 사고가 무형 물질에 모습을 찍어 줄 것이라고 말한 적이 있다.

그는 셋방에서 하루하루 살아가는 매우 가난한 청년이었다.

그는 세상의 모든 부유함이 자기 것이라는 사실을 이해하지 못했다.

그는 생각을 거듭한 끝에 침실에 깔 새 카펫과 추운 날씨에 집을 따뜻하게 해줄 난로를 요구해야겠다고 생각했다.

이 책에서 제시한 대로 따른 그는 몇 달 내에 그 물건들을 갖게 되었다.

그제야 그는 자신이 충분히 요구하지 않았다는 사실을 깨달았다.

그는 자기 집을 구석구석 돌면서 개선되어야 할 것을 생각했다.

그는 마음속으로 이곳에 창문을 달고 저곳에 방을 만들었다.

마침내 그의 마음속에 이상적인 집이 완전히 그려진 다음에야 가구 배치를 계획하기 시작했다.

그는 집의 전체적 그림을 마음속에 담은 채 특정 법칙에 따랐고, 원하는 방향으로 움직이기 시작했다.

그는 이제 그 집을 소유하게 되었고 마음속에 그린 영상에 따라 구조를 변경시켰다.

그는 계속 신념을 갖고 더 큰 일을 진행하고 있다.

신념에 따라 스스로 해낸 일이었다.

우리 모두 그와 같은 일을 할 수 있다.

"

돈은 일종의 힘이다.

하지만 힘이 센 것은 돈에 관한 지식이다.

돈은 있다가도 없지만, 돈에 대한 지식이 있으면 그것을

통제할 수 있고 재산을 모을 수 있다.

긍정적 사고만으로는 충분치가 않다.

왜냐하면, 대부분의 사람들은 학교에서 돈에 관해 배우지

못하고 그래서 평생을 돈 버는 데 바치기 때문이다.

-로버트 기요사키

부를 창조하는
감사의 법칙

감사는 사물이 오는 통로를 따라 마음이 움직이도록 이끌어준다.

앞장까지 읽은 당신은 부자가 되기 위한 첫 번째 단계가 무형 물질에 자신이 원하는 생각을 옮겨 담는 것이라는 사실을 깨달았을 것이다.

그렇게 하기 위해서는 무형 물질과 조화로운 방식으로 관계를 맺는 것이 필수적이다.

조화로운 관계를 돈독히 하는 것은 매우 기본적이고 극히 중요한 문제이기 때문에 이곳에 지면을 할애해 상세히 설명하고자 한다.

내 지시대로 따르기만 한다면 신과 완벽하게 호흡하는 느낌을 가질 수 있으리라 확신한다.

정신적 조화와 조율하는 전 과정은 한마디로 요약될 수 있다.

'감사'가 바로 그것이다.

첫째, 모든 사물의 과정을 주관하는 '지능을 가진 유일 물질(one intelligent substance)'을 믿는다.

둘째, 자기가 원하는 모든 것을 이 물질이 준다고 굳게 믿는다.

셋째, 깊은 감사의 마음을 통해서 이 물질과 자신을 연결한다.

다른 방법으로 자신의 인생을 주관하는 많은 사람이 감사의 부족으로 가난을 극복하지 못하는 경우를 자주 보아 왔다.

신으로부터 한 가지 선물을 받고 난 뒤에는 마땅히

해야 할 감사를 소홀히 해 그와의 연결 고리를 쉽게 끊어 버리는 것이다.

부의 원천에 다가갈수록 부를 얻기가 더 쉬워진다는 사실은 진실에 가까운 말이다.

항상 감사하는 인생은 신에게 감사의 인사를 전혀 하지 않는 삶보다 신과 가깝게 교류한다는 사실 역시 진실과 근접한 말이다.

사물이 다가올 때, 초월적 힘(supreme power)에 대한 감사의 마음을 간직할수록 좋은 물건이 더 많이 생기고 다가오는 속도 역시 빨라진다.

그 이유는 이렇다.

매사에 감사하는 정신적 태도는 축복을 내리는 원천과 가깝게 교류하도록 마음을 이끈다.

우주를 창조한 에너지와 자신의 마음을 조화로운 관계로 이끄는 것이 감사이다.

이것은 틀림없는 사실이다.

이미 소유하고 있는 좋은 물건은 특정한 법칙에 의해 당신의 소유가 된 것이다.

감사는 사물이 오는 그 통로를 따라 마음이 움직이도

록 바르게 이끌어 준다.

감사는 또한 창조적 마인드와 밀접한 관계를 유지하도록 도와주며 경쟁적 마인드를 멀리하도록 도와준다. 감사의 마음만이 조물주를 쳐다보도록 만들어주고 부의 공급이 제한적이라는 치명적이고도 잘못된 생각에 빠지지 않도록 이끌어준다.

감사는 더 많은 축복을 부른다.

감사에도 역시 법칙이 있다.
내가 원하는 결과를 얻으려면 절대적으로 이 법칙을 준수해야 한다.
감사의 법칙은 작용과 반작용이 항상 같은 값이며 방향은 그 반대이다.
초월적 힘을 향한 감사의 손길은 힘의 해방과 방출이며 실패 없이 목적지에 다다르게 한다.
그리고 그에 따라 신은 당신을 향해 즉각적인 반응을 한다.
"하나님을 가깝게 끌어당기면 그분 역시 당신을 가깝

게 끌어당기실 겁니다."

이 말은 심리학적으로 분석해 봐도 틀림없는 사실이다. 당신의 감사가 강하고 지속적이면 무형 물질의 반응도 강해지고 지속적이게 될 것이다.

예수께서 취한 감사의 태도를 주목해야 한다.

그는 항상 이렇게 말씀하셨다.

"내게 귀를 기울이시는 당신께 감사합니다. 아버지시여!"

감사의 마음은 초월적 힘과 연결되어 있기 때문에 감사 없이는 많은 힘을 행사하지 못한다.

그렇기에 감사의 가치는 더 많은 축복을 위한 것일 뿐만 아니라 사물의 현재 모습에 만족하기 위한 것이기도 하다.

사물의 현재 모습에 불만스런 마음이 싹트기 시작하면 그 순간부터 당신은 실패한다.

마음이 평범하고 궁핍하고 미천한 것에 집중되어 그러한 것만의 형상을 만들어내기 때문이다.

그 형상이나 머릿속 이미지가 무형 물질에 전달된다. 따라서 평범하고 궁핍하고 미천한 것이 당신에게 다가오게 되는 것이다.

천박한 것에 마음을 허락하면 당신은 천박한 것에 둘러싸여 천박한 사람이 된다.

한편 최상의 것에 마음을 품으면 최상의 것들에만 둘러싸이게 되고 당신은 최상의 사람이 될 것이다.

마음속에 내재하고 있는 창조적 힘은 우리가 집중하고 있는 것의 이미지로 우리의 모습을 만들어낸다. 우리는 생각하는 물질(thinking substance)이고, 생각하는 물질은 언제나 그것이 생각하는 것의 형태를 취한다.

신념은 감사로부터 싹튼다.

감사하는 마음은 항상 최상의 것에 지속적으로 마음을 고정시킨다.

따라서 그 마음은 최상의 것이 되려는 경향이 있고 최상의 형태와 특성만을 취한다.

그렇기에 당신은 최상의 것을 받게 되는 것이다.

또 한 가지, 신념은 바로 감사로부터 태어난다.

감사하는 마음은 계속 좋은 사물을 기대하고 그 기대는 신념이 된다.

자기 자신의 마음에 대한 감사의 반작용이 신념을 생산한다.

감사의 마음으로 인해 축복의 물결이 계속 밀려 나와 신념을 증가시킨다.

감사를 모르는 사람은 살아 있는 신념을 오래 간직할 수 없다.

뒷장에서 밝히겠지만 살아 있는 신념 없이는 창조적인 방식에 의해 결코 부자가 될 수 없다.

그래서 당신에게 다가오는 모든 것에 대한 감사하는 습관을 기르는 것이 꼭 필요하다.

다시 말해, 쉬지 말고 감사하라는 얘기다.

모든 것들이 당신의 삶과 생명의 발전에 기여하므로 감사의 마음을 이루는 요소 중 어느 하나도 소홀히 제쳐 둘 수 없다.

당신은 재벌이나 부호들의 그릇된 행동이나 단점에 대해 생각하거나 거론을 함으로써 귀한 시간을 낭비하지 말기를 바란다.

그들이 세상을 조직화했기 때문에 당신에게 기회가 생긴 것이다.

우리가 지금까지 받은 모든 것은 그들 덕분에 받은 것이다.

당신은 부패한 정치인에 대해 화내지 말라.

정치가들이 없었다면 무정부 상태에 빠졌을 것이고 당신이 얻을 수 있는 기회는 엄청나게 줄어들었을 것이다.

현재의 정치 및 경제 상황으로 우리를 데려오기까지 신은 오랜 시간 동안 매우 참을성 있게 공을 들여왔다.

그리고 신은 항상 옳은 방향으로 나아가려 한다.

그가 재벌, 거물, 산업계의 지도자, 정치가들의 필요가 없어지는 대로 빨리 처리할 것임을 나는 믿는다.

그러나 한편으로 그들은 매우 필요한 존재이다.

우리가 부를 누리는 것도 그들이 만들어 놓은 통로를 통해서이다.

그들에게 감사한다.

그 통로를 통해 훌륭한 것과 교감할 수 있는 것이고, 그 교감을 통해 훌륭한 것을 받을 수 있게 되었으니까.

부를 창조하는
신념의 법칙

믿음을 갖고 상상 속의 세계를 현실화하려는 목적을 늘
기억하라.

앞의 06으로 되돌아가서 원하는 집의 모습을 영상화
한 가난한 청년의 이야기를 다시 읽어 보자.

부자가 되는 첫 번째 단계가 무엇인지 명확히 떠오를
것이다.

자신이 원하는 것의 명확하고 구체적인 그림을 머릿
속에 그려보는 것이 그것이다.

완전히 자기 것으로 만들기 전에는 하나의 아이디어

에 불과하다.

무언가를 주려면 그것을 갖고 있어야 한다.

많은 사람이 자신이 하고 싶은 것, 갖고 싶은 것, 되고 싶은 것의 모호한 개념만을 갖고 있을 뿐이지 생각하는 물질에 영상을 그려내지 못한다.

'좋은 일을 하기 위해' 부자가 되고 싶다는 생각을 하고 있다면 그것만으로 충분하지 않다.

그런 바람은 모두가 갖고 있는 것이다.

자유롭게 여행하고 구경하고 오래 살고 싶다는 소망만으로도 부족하다.

그런 바람 역시 누구나 갖고 있는 것이다.

친구에게 전보를 보낼 때 알파벳순으로 글자를 보내고 친구가 스스로 글자를 조립해 읽으라고 하지는 않을 것이다.

사전에서 단어들을 찾아 무작위로 보내지도 않을 것이다.

무언가 의미를 담아 조리 있는 문장을 써서 보낼 것이다.

생각하는 물질에 소망을 보낼 때도 이처럼 조리 있는

문장으로 보내야 한다.

그렇게 하기 위해 자신이 원하는 것을 확실하게 알고 있어야 한다.

형태가 확실치 않은 소원이나 모호한 욕망을 내보내면 창조적 힘이 가동되지도 않고 부자가 될 수도 없다.

앞에 언급했던 그 학생이 자기 집을 돌아다녔던 것처럼 자신의 욕망을 돌아다녀 보라.

그래서 당신이 원하는 것을 보고 그것을 갖게 되었을 때 느끼듯 마음속에 뚜렷한 그림을 그려보라.

선원이 마음속에 자신이 가고자 하는 항구를 기억하고 있듯이 당신 마음속에도 명확한 그림이 항시 간직되어 있어야 한다.

항상 그곳으로 얼굴을 향하고 있어야 한다.

키를 잡은 선장이 나침반을 보는 것처럼 그 그림을 항상 지켜보고 있어야 한다.

집중 훈련을 받는다거나, 기도나 간증의 특별한 시간을 갖는다거나, 침묵 속에 들어간다거나, 어떤 종류의 마술적 기행을 할 필요는 없다.

그것들을 해보는 것도 물론 좋은 방법이겠지만 정작

필요한 것은 자신이 원하는 것을 확실히 깨닫고 그것이 머릿속에 계속 머물 때까지 원하는 마음을 잃지 않는 것이다.

쉬는 시간에 그 영상을 될 수 있는 대로 많이 생각하라.

자신이 진정으로 원하는 것을 영상화하는 데에 특별한 훈련이 필요한 것이 아니라는 사실을 잊지 말고 기억하라.

그것에 집중하는 데에 특별한 노력이 필요하다면 그것은 당신이 진정으로 소중하게 생각하는 것이 아니라는 반증이다.

부자가 되고자 하는 욕망이 강하지 않아서, 나침반의 바늘을 움직이는 극점의 자력처럼 목적에 생각을 고정시키는 것이 힘들다면 이 책에 씌어 있는 지침을 애써 행할 필요가 없다.

여기에 제시하는 방법들은 부자가 되고픈 욕망이 매우 강해 정신적 게으름과 안이함을 극복하려는 사람들만을 위한 것이다.

마음속에 그린 그림이 뚜렷하고 확고할수록 거기에

대해 생각하는 시간이 많아질 것이고 따라서 욕망이 더욱 강해질 것이다.

욕망이 강해질수록 자신이 원하는 그림에 마음을 고정시키기가 쉬워진다.

그러나 단순히 명확한 그림을 보는 것 말고도 필요한 것이 있다.

그림을 보기만 한다면 공상가에 지나지 않고 그 일을 해내려는 힘이 없어지게 된다.

그 목적 뒤에는 그것이 이미 내 것이라는 불굴의 신념이 있어야 한다.

그것이 이미 가까운 곳에 있어서 움켜쥐기만 하면 된다고 생각해야 한다.

새집이 물리적으로 생기기 전에 정신적으로 그 집에 살고 있어야 한다.

마음의 왕국에서 원하는 것들을 마음껏 즐기며 살아야 한다.

"기도할 때 무엇이든 요구하고, 받을 것을 믿으면 갖게 될 것이니라."

예수께서 하신 말씀이다.

명확한 비전을 굳게 간직하라.

자신이 원하는 것이 실제로 있다고 생각하라.

그것의 주인이 되어 사용하라.

그것을 실제로 갖게 되었을 때 사용하는 것처럼 상상 속에서 그 물건을 사용하라.

마음속에 그린 그림이 뚜렷하게 나타날 때까지 생각하라.

그런 다음 그 그림 속에 들어 있는 모든 것의 주인이 된 듯한 태도를 행사하라.

실제로 자기 것이라는 강한 신념을 지녀야 한다.

정신적인 주인 의식을 굳게 지키고 그것이 사실이라는 생각에 일순간도 흔들림이 있어서는 안 된다.

그리고 감사에 대한 07의 내용을 잊지 말라.

자신이 바라는 것이 형태를 취했을 때처럼 항상 감사하라.

상상 속에서만 소유한 것이라도 신에게 감사하는 인간은 진정으로 신념을 가진 사람이다.

그 사람은 곧 부자가 될 것이다.

그 사람은 원하는 모든 것을 창조해낼 수 있을 것이다.

갖고 싶은 것에 대해 반복적으로 기도할 필요는 없다.

매일 신에게 그것에 대해 말할 필요는 없다.

"이교도들처럼 헛되이 반복하지 말라. 아버지는 너희가 요구하기 전에 너희에게 필요한 것이 무엇인지 알고 계신다."

예수께서 제자들에게 하신 말씀이다.

우리가 할 일은 삶을 풍족하게 할 우리의 욕망을 뚜렷한 모습으로 다듬고 이 욕망을 조리 있게 전체의 모습으로 정리하는 것이다.

그런 다음 우리가 원하는 것을 가져다줄 의지와 힘을 지닌 무형 물질 위에 이 전체적 욕망을 그려야 한다.

무수한 단어를 늘어놓음으로써 욕망을 그리는 것이 아니라 그것에 도달할 혼들림 없는 목적과 신념을 지닌 뚜렷한 영상으로써 형상화하는 것이다.

기도에 대한 응답은 그것을 말할 때의 믿음에 따라오는 것이 아니라 일할 때의 신념에 따라온다.

자기가 바라는 바를 특별한 주일에만 말하고 평일에

는 잊는다면 신의 마음에 영상을 그릴 수 없다.

다음 주일이 올 때까지 기도하지 않는다면 아무리 독방에 들어가 기도를 한다고 해도 영상을 만들 수 없다.

소리 내어 기도하는 행위는 마음속의 영상을 명확히 하고 신념을 강화시켜 줄 수는 있겠지만 원하는 것을 가져다주지는 않는다.

부자가 되기 위해서는 기도의 시간이 필요한 것이 아니라 쉬지 말고 기도하는 자세가 필요하다.

그리고 자신이 원하는 것을 견고한 형태로 만들어낸 다는 목적을 갖고, 또한 그것을 이루어낼 수 있다는 신념을 갖고 기도해야 한다.

다시 말해 비전을 굳게 간직해야 하는 것이다.

바라는 것을 얻으리라는 믿음을 가져라.

명확한 비전을 이루었다면 이제 그것을 얻는 것이 문제가 될 것이다.

형상을 이루었다면 초월적 힘을 향해 경건한 마음으로 소리 내어 기도해야 한다.

그 순간부터 우리가 요구한 것들을 마음으로 받아야

한다.

새집에 살고, 좋은 옷을 입고, 자동차를 타고, 여행을 떠나고, 대담하게 멋진 삶의 계획을 마음껏 세운다.

실제로 주인이 된 것처럼 요구한 모든 것을 생각하고 말한다.

희망했던 환경과 재정 조건을 상상하고 바로 그 모습으로 살아간다.

그러나 공상으로만 그쳐서는 안 된다는 사실을 명심하라.

상상 속의 세계가 현실화된다는 믿음을 갖고 그것을 현실화하려는 목적을 늘 기억하라.

과학자와 몽상가의 다른 점은 상상의 쓰임새에 대한 믿음과 목적이라는 사실을 명심하라.

이 사실을 깨달았다면 이제 의지의 올바른 쓰임새를 배우도록 하자.

"

많은 사람은 돈을 모으는 일이 스스로를 안전하게 지킬
수 있는 방법이라고 생각한다.

돈이 독립을 위한 당신의 희망이라면, 당신은 결코 그 독
립을 얻지 못할 것이다.

인간이 이 세상에서 가질 수 있는 유일하고 실제적인 안전
장치는 바로 지식과 경험, 그리고 능력을 쌓는 것이다.

이런 자질이 없다면 돈은 실제적으로 무용지물이다.

-헨리 포드

부를 창조하는
의지의 사용법 I

가난을 연구 말라. 반대의 것을 사고해서 원하는 걸 얻
을 수는 없다.

과학적 방법으로 부자가 되는 첫걸음을 위해서는 자
기 자신 이외의 어떤 것에도 의지력을 적용하면 안
된다.

우리에게는 그럴 권리가 없다.

자신의 의지를 다른 사람에게 적용해 자신이 원하는
방향으로 그들이 행동하기를 바라는 것은 옳은 일이
못 된다.

정신적 힘으로 사람을 지배하려는 것은 육체적으로

억압하는 것만큼 극악무도한 짓이다.

물리적 힘으로 사람을 억압하는 것이 그들을 노예로 만드는 것이라면 정신적 수단으로 그들을 억압하는 것 역시 똑같은 결과를 가져온다.

차이가 있다면 그것은 방법뿐이다.

물리적 힘으로 누군가의 물건을 빼앗는 것이 강탈이라면 정신적 힘으로 물건을 빼앗는 것 역시 강탈이다.

원칙에는 아무런 차이가 없는 것이다.

다른 사람에게 의지력을 사용할 권한이 우리에게는 없다.

비록 상대에게 좋은 일이라는 생각이 들더라도 그에게 이로운 것이 무엇인지 잘 모르기 때문에 의지력을 사용해서는 안 된다.

부자가 되는 법은 다른 누구에게도, 어떤 식으로도 힘이나 권력을 적용시키기를 요구하지 않는다.

그렇게 할 필요성이 조금도 없다.

다른 사람에 대한 의지력의 사용은 자신의 목적이 좌절되는 결과만 가져올 뿐이다.

타인을 위한 재물이 자신에게 오기를 바라며 의지를 적용시키려 해서는 안 된다.

그것은 신을 지배하려는 시도이고 불손할 뿐만 아니라 어리석고 쓸모없는 일이다.

좋은 것을 달라고 신에게 강요할 필요는 없다.

의지력을 사용해 불경스러움을 누른다든지 고집스럽고 반항적인 힘을 굴복시킬 필요도 없다.

의지력을 사용하지 않아도 해가 떠오르는 것과 마찬가지로 좋은 것을 얻게 될 것이다.

사고하는 물질은 우호적일 뿐만 아니라 우리가 얻고자 하는 것 이상을 주려고 안달한다.

부자가 되기 위해서는 자기 자신에게 의지력을 사용하기만 하면 된다.

어떤 생각과 어떤 행동을 해야 할지 알았다면, 자기 자신에게 국한된 옳은 일을 하기 위한 의지력을 사용해야 한다.

그것이 원하는 것을 얻기 위한 의지의 합법적인 사용이다.

그렇게 해야만 자신을 옳은 길로 인도할 수 있다는

것을 알아야 한다.

자기 자신에 국한된 의지력으로 특정 법칙에 따라 생각하고 행동할 수 있도록 하라.

가난을 연구하지 말라.

의지, 사고, 마음이 자신을 벗어나 다른 사물이나 사람에게 향하지 않도록 세심하게 주의하라.

자신의 마음을 항상 집 안에 두어야 한다.

집 안에 있을 때 가장 많은 성과를 올릴 수 있다.

자신이 원하는 것의 영상을 마음속에 정하고 신념과 목적을 갖고 그것을 지킨다.

마음이 옳은 길로 향하도록 의지력을 사용한다.

신념과 목적이 견고하고 지속적일수록 부자가 되는 속도가 빨라진다.

무형 물질 위에 긍정적인 모양만을 형상화하기 때문이다.

부정적인 각인으로 긍정적 모양의 효과를 감소시키지 말아야 한다.

무형 물질은 우리의 욕망을 담은 그림을 받아들여 먼 거리로 어쩌면 전 우주로 보낸다.

이 각인이 넓게 퍼지면서 실현을 향해 움직이기 시작한다.

생물, 무생물, 아직 만들어지지 않은 사물까지도 우리가 원하는 것으로 만들어지기 위해 모두 움직인다.

모든 힘이 그 방향으로 작동하기 시작한다.

모든 사물이 우리를 향해 다가오기 시작한다.

여러 곳에 퍼져 있는 사람들의 마음이 우리가 원하는 것을 만드는 것에 필요로 한 일들을 하기 위한 방향으로 움직인다.

무의식적으로 우리를 위해 일을 한다.

반대로 처음부터 무형 물질에 부정적인 각인을 새기면 이 모든 것들이 저지될 수 있다.

신념과 목적이 우리를 향한 움직임을 시작하게 하는 힘만큼 의심이나 불신은 그것이 우리로부터 멀어지게 하는 힘을 갖고 있다.

이러한 사실을 이해하지 않고서는 부자가 되기 위한 '정신과학'의 사용을 시도하는 데 있어 실패할 가능성이 아주 크다.

의심과 두려움의 눈길을 보내는 매 순간마다, 걱정으로 보내는 매 시간마다, 불신에 사로잡혀 있는 매 시간마다 지능을 가진 물질은 전 영역을 통해서 그 흐름이 빠져나가는 법이다.

"믿는 자들에게만 약속이 이루어지니라."

예수께서는 이와 같이 말씀하시며 믿음의 중요성을 끊임없이 강조하셨다.

그 이유가 무엇인지 이제는 알 수 있을 것이다.

믿음의 중요성이 이토록 큰 만큼 생각을 단단히 보호하는 것은 우리의 책임이다.

믿음은 관찰하고 생각한 사물들에 의해 대부분 결정되므로 고도의 집중을 요한다.

의지라는 수단에 의해 주의를 기울일 대상을 결정하게 되므로 바로 이곳에서 의지의 효용성이 나오게 된다.

부자가 되고 싶다면 가난에 대해서 연구하지 말아야 한다.

반대되는 것을 사고함으로써 원하는 것을 얻을 수는

없다.

질병을 연구하고 죄에 대해 생각한다고 정의가 바로 서는 것은 아니다.

따라서 가난을 연구하고 사고함으로 부자가 된 사람은 여태 없었다.

병리학으로의 의학은 질병을 증가시켰다.

원죄학으로서의 종교는 죄악을 자극했다.

빈곤을 연구하는 경제학은 세상을 비참하고 열악한 곳으로 만들었다.

가난에 대해 말하지 말라.

가난을 연구하지도 말고 그것에 대해 걱정하지도 말라.

그 원인이 무엇일지 고민하지도 말라.

당신은 그것들과 아무런 연관이 없다.

걱정해야 할 것은 그것의 치료이다.

가난은 자선이 아닌 영감을 필요로 한다.

자선, 봉사 등에 시간을 소비하지 말라.

모든 자선은 뿌리 뽑고자 하는 비참함을 지속시켜 줄

뿐이다.

그렇다고 도움의 요청에 귀를 막는 꽉 막힌 사람이 되어야 한다는 것은 아니다.

전통적인 방법으로 가난을 박멸하려 해서는 안 된다는 뜻이다.

가난을 멀리 보내라.

가난과 관련된 모든 것을 뒤로하고 목적을 성취하라.

가난의 그림을 마음속에 채우고 있으면 부자가 되는 데에 필수적인 정신적 영상을 지키기 힘들다.

빈민촌의 열악함이라든지 아동 노동력 착취 등의 책이나 글을 읽지 말라.

빈곤함과 고통의 어두운 영상으로 마음을 채우는 그어떤 것도 읽지 말라.

그러한 사실을 안다고 해서 가난한 자들을 도울 수 있는 것은 결코 아니다.

열악한 환경에 대한 폭넓은 지식이 빈곤의 박멸과 상관관계를 갖는 것은 아니다.

비참함의 영상으로 마음을 가득 채우기를 거절한다고 해서 가난한 사람들을 불행 속에 내버려두는 것은 아니다.

빈곤은 빈곤에 대해 연구하는 선한 사람들이 많아짐으로써 해결되는 것이 아니라 가난한 사람들이 신념과 목적을 갖고 특정 법칙에 따라 부자가 되는 수가 증가함으로써 해결되는 것이다.

가난은 자선을 필요로 하지 않는다.

그들에게는 영감이 필요하다.

자선이란 그들을 비참함에서 구원하는 일 없이 빵 한 조각을 주거나 여흥을 주는 행위에 불과할 뿐이다. 그러나 영감은 그들이 비참함 속에서 스스로 일어날 수 있도록 깨우쳐 준다.

가난한 자를 돕고 싶다면 당신 스스로가 부자가 됨으로써 그들도 부자가 될 수 있다는 가능성을 보여 주어라.

그것이 가난한 자를 돕는 최선의 방법이다.

이 세상에서 빈곤이 자취를 감추는 유일한 길은 이 책의 가르침을 실천하는 사람들의 숫자가 계속적으로 늘어나는 것이다.

이 책은 경쟁에 의해서가 아니라 창조에 의해서 부자

가 된다는 메시지를 전달한다.

경쟁에 의해서 부자가 된 사람들은 자신이 딛고 올라온 사다리를 발로 차서 다른 사람들이 올라오지 못하도록 한다.

그러나 창조에 의해서 부자가 된 사람들은 수천 명을 위해 길을 열어 주고 그들에게 똑같은 일을 할 수 있다는 자신감을 심어준다.

가난을 동정하지 않고, 그것에 대한 말이나 생각을 하지 않고, 그것에 귀를 기울이지 않는다고 해서 냉정한 사람이 되는 것은 아니다.

의지를 사용해 가난을 마음속에서 털어내고 당신이 원하는 것의 영상을 신념과 뚜렷한 목적으로 마음속에 고정시킬 수 있어야 한다.

부를 창조하는
의지의 사용법 II

소외되지 않는 길은 창조적 방법으로 스스로 부자가 되
는 것이다.

외면적이든 내면적이든 당신이 반대적 그림에만 계
속해서 주의를 집중하면 부의 명확한 영상을 만들어
낼 수 없다.

지난 시절 겪었던 어려움을 사람들에게 말하지 말라.
그것을 아예 잊어라.

부모의 가난이나 초년 시절 겪었던 어려운 생활을 사
람들에게 이야기하지 말라.

일시적으로라도 자신을 빈곤층으로 분류되게 하지

말라.

그것은 당신을 향해 다가오는 사물의 움직임을 저지할 것이 틀림없다.

"죽은 자들의 장례는 죽은 자에게 맡겨라."

예수의 말씀이다.

가난과 관련된 모든 것을 완벽하게 뒤로 감춰라.

당신은 우주가 올바른 존재라는 특정 이론을 받아들였고 그것의 올바름에 당신의 모든 희망을 걸고 있다.

그런데 갈등과 혼란에 눈을 돌린다면 과연 얻어지는 게 있을까?

지구가 곧 종말을 맞는다는 소문 따위에 귀 기울이지 말라.

헛소문을 퍼뜨리는 자들과 비관론자들은 세상이 악마의 손에 들어가 파괴된다고 말을 하지만 그것은 사실이 아니다.

세상은 언제나 신의 의지에 의해 돌아가고 있다.

아름답고 놀라운 세상이다.

이 세상에 불쾌한 일이 많이 일어나는 것은 사실이다.

그러나 스쳐 지나갈 것이 분명한 불필요한 요소들을 연구하는 것은 소용없는 일이다.

그것을 연구하는 것은 불쾌한 일들을 내보내지 않고 우리 곁에 계속 남아있게 할 뿐이다.

성장과 진화에 의해 제거될 것들에 대해 관심을 기울여 시간을 낭비할 필요는 전혀 없다.

성장과 진화를 촉진시키는 것만이 그들의 제거를 앞당기게 할 수 있다.

어느 나라, 어느 지역이든 외견상 상황이 아무리 끔찍하다고 하더라도 그것에 대한 고민은 우리 자신의 기회를 파괴하고 시간을 낭비하는 일이다.

세상에서 없어지게 될 빈곤보다 곧 맞게 될 당신의 부에 대해 생각하라.

당신이 이 세상에서 소외되지 않는 유일한 길은 경쟁적 방법이 아닌 창조적 방법으로 스스로 부자가 되는 것이다.

빈곤을 무시하고 오직 부에 대해서만 온통 관심을 쏟도록 하라.

가난한 사람들과 이야기하거나 그들의 생각을 들을

때, 그들이 곧 부자가 될 사람들이라 생각하고 이야기하라.

동정보다는 오히려 축하를 받아야 될 사람들이라고 생각하라.

그러면 그들을 비롯한 여러 사람들이 영감을 받고 가난을 헤쳐나갈 길을 찾기 시작할 것이다.

가장 위대하고 고귀한 목표

진정한 부자가 되는 일은 인생에서 성취할 수 있는 가장 고귀한 목표이다.

그것이 다른 모든 것들을 포용할 수 있기 때문이다.

경쟁심을 가진 투쟁은 다른 사람을 밟고 올라서려는 불경한 쟁탈전이다.

그러나 창조적 마인드로 접근하면 모든 것이 달라진다는 것을 명심해야 한다.

부자가 되는 길에는 위대함과 봉사와 그리고 고귀한 노력이 있다.

이 모든 것들이 물질을 사용함으로써 가능하게 되는

것이다.

부자가 되느냐의 여부에 따라 육체적 건강을 얻을 수도 있고 그렇지 못할 수도 있다.

재정적 어려움으로부터 탈출한 사람은 기본적인 생존이 가능하고 위생적인 습관을 가진 사람은 건강을 누리고 지속시킬 수 있다.

정신과 영혼의 위대함은 생존의 치열함을 극복한 사람들에게만 가능하다.

창조적 사고로 부자가 되는 사람만이 천박한 경쟁으로부터 자유롭다.

평안한 몸에 깃든 마음은 아름다움을 추구하고 고차원적 사고를 하며 타락으로부터 자유롭다.

그곳에서 최상의 사랑이 꽃핀다는 사실을 잊지 말라.

이들은 경쟁적 사고나 투쟁이 아닌 창조적 사고의 실행에 의해 부가 도달하는 곳에서만 발견된다.

반복해서 말하지만 부자가 되는 것만큼 위대하고 고귀한 목표는 없다.

마음을 부를 향한 정신적 그림에 집중시키고 영상을 흐리게 하는 모든 것을 배제시켜라.

모든 사물의 내면에 깔린 진실을 보는 법을 배우기 바란다.

충만한 발현과 완전한 행복을 위해 잘못된 겉모습을 꿰뚫고 움직이는 위대한 생명을 보아야 한다.

가난 같은 것은 이 세상에 없다. 오직 부만이 존재할 뿐이다.

가난하게 사는 사람들 중 일부는 자신을 위한 부가 존재한다는 사실을 모르기 때문에 그 상태로 남아있을 수밖에 없다.

내가 풍요로워지는 것이 그들을 가장 효과적으로 가르치는 방법임을 명심하라.

어떤 부류는 출구가 있다고 느끼면서도 정신적으로 나태해 그 길을 찾으려 하지 않는다.

그런 사람들을 위한 최선의 길은 정당한 부가 다가왔을 때 느낄 수 있는 행복을 보여 줌으로써 부에 대한 욕구를 일으키는 것이다.

또 다른 부류는 과학적 개념을 갖고 있으면서도 극히 추상적이고 난해한 이론의 미로에 갇혀 있어 어느 길로 가야 할지 모르는 사람들이다.

그들은 언제나 여러 체계의 혼합을 시도하다가 모두 실패한다.

이들에게 가장 좋은 방법은 실천에 의해 옳은 길을 보여 주는 것이다.

한 가지 실천이 100가지 이론보다 낫다.

세상을 위해 우리가 할 수 있는 최선의 일은 자기 자신을 최상으로 만드는 것이다.

나 스스로 부자가 되는 것보다 효과적으로 신과 인류에게 봉사하는 길은 없다.

단, 경쟁적 방법이 아닌 창조적인 방법으로 부자가 되어야 한다.

또 한 가지, 나는 이 책이 다른 무엇보다 부를 창조하는 방법을 상세하게 기술하고 있다고 자신한다.

이 주제에 관한 한, 다른 책을 읽어야 할 필요가 없을 것이다.

편협하고 자기중심적인 소리로 들릴지 모르겠지만 수학의 계산법에 더하기 빼기 곱하기 나누기 이외의 방법이 없듯이, 내가 제시하는 길 이외의 다른 방법은 가능하지도 필요하지도 않다.

두 점 사이에 존재하는 가장 짧은 지름길은 하나일 수밖에 없다.

과학적으로 사고하는 유일한 길은 목표를 향한 가장 직접적이고 가장 단순한 방식을 찾는 것이다.

자신이 원하는 선명한 그림을 형성하라.

이 책에서 설명하는 것보다 짧고 단순하게 체계를 이룬 책은 지금까지 없었다고 자부한다.

이 책이 제시하는 방법대로 행하기 시작하면 다른 것은 모두 접어두어도 된다.

다른 방식들은 모두 마음에서 지워 버려야 한다.

이 책을 매일 읽기 바란다.

항상 몸에 지녀라.

내용을 외울 정도로 몇 번이고 읽어라.

다른 체계나 이론은 아예 생각조차 하지 말라.

그렇지 않으면 순간적으로 의심이 침투하기 시작해 사고를 불안정하게 만든다.

그 순간부터 무형 물질에 부정적인 사고가 침투하는

것이다.

훌륭하게 실천해 부자가 된 이후에는 마음대로 다른 이론을 공부해도 무방하다.

그러나 원하는 것을 얻었다고 자신 있게 말할 수 있을 때까지는 이 주제에 관한 한 '시작하는 글'에 언급한 저자들의 저서 외에는 읽지 말길 권한다.

세계의 소식들 중 당신이 그린 영상의 그림과 조화를 이루는 가장 낙관적인 기사만 읽어라.

또한, 초자연주의 공부는 뒤로 미루어라.

심령론 따위에 관심을 기울이지 말라.

죽은 자가 아직 살아 있으며 우리 곁에 있다는 식의 이론일 경우가 많다.

그것이 비록 사실이더라도 크게 신경 쓰지 말라.

죽은 자의 영혼이 어디에 있든지 그들은 스스로 할 일이 있을 터이고, 나름대로 해결할 문제가 있을 것이다.

그들을 간섭할 권리가 우리에겐 없다.

우리는 그들을 도울 수도 없다.

그들이 우리를 도울 수 있는지 매우 의심스러울뿐더

러 그럴 수 있다 하더라도 우리에게 그들의 시간을 빼앗을 권리는 없다.

그들이 죽음의 세계에만 있도록 놔두어야 한다.

우리 자신의 문제, 즉 부자가 되는 것에 몰두하자.

초자연주의에 얽히기 시작하면 정신적 역류가 일어나 희망의 배가 난파되고 마는 결과로 이어지게 될 것이다.

자, 그럼 지금까지 살펴본 내용을 다음과 같이 '기본 사실'로 정리해 보도록 하자.

생각하는 물질이 있다.

그것은 만물의 근원이며 우주의 모든 공간을 침투해 스며들고 가득 채운다.

이 물질 내에 있는 사고는 생각에 의해 영상화된 것을 생산해낸다.

인간은 머릿속으로 어떤 것들의 형태를 만들어 낼 수 있다.

무형 물질 위에 자신이 생각해낸 형태를 형상화함으로써 그것을 창조할 수 있다.

이를 위해서는 경쟁심이 창조적인 마인드로 바꾸어야 한다.
자신이 원하는 것의 선명한 그림을 형성해야 한다.
그리고 그것을 손에 넣기 위해서는 확고한 목적과 함께 그림을 머릿속에 간직해야 하며 오직 그것을 얻겠다는 강한 신념이 있어야 한다.
동시에 목적에 영향을 주거나 영상을 흐리거나 신념을 꺾을 만한 모든 것에 마음을 굳게 닫아야 한다.

이에 덧붙여 특정한 방식에 따른 삶과 행동에 대해서 살펴보겠다.

"

잠자는 동안에도 돈이 들어오는 방법을 찾아내지 못한다
면 당신은 죽을 때까지 일을 해야만 할 것이다.

-워런 버핏

부를 창조하는
특정 방식의 행동법

환경이 바뀌길 기대하지 말고. 행동을 통해 환경이 바뀌게 노력하라.

사고는 행위에 이르는 창조적 힘을 이끌어내는 추진력이다.

특정한 방식의 사고는 부를 가져오겠지만 그렇다고 해서 행동하지 않고 사고에만 의존해서는 안 된다. 사고에만 의존하는 것은 수많은 과학적, 형이상학적 사색가들이 사고와 행동의 연결에 실패해서 난파를 당했던 경우와 같다.

인간은 자연의 생성과정이나 수공업 없이 무형 물질

로부터 직접 사물을 만들어내는 발전 단계까지 이르
지는 않았다.

따라서 인간은 사고와 동시에 행위를 해야 한다.

생각에 의해 산속에 묻힌 금이 자신에게 다가오게 만
들 수 있다.

그러나 금이 스스로 광산을 만들고 세공하고 동전을
새겨 당신의 주머니에 들어올 수는 없다.

초월적 힘의 거센 추진력으로 인해 금광이 당신에게
다가오도록 세상일이 만들어질 것이다.

누군가와의 비즈니스 거래로 금이 당신에게 전달될
수도 있다.

당신은 당신의 사업을 조절하여 그런 기회가 왔을 때
반드시 그 황금을 받을 수 있어야 한다.

당신의 사고는 모든 사물에 생명을 불어넣기도 하고,
활력을 빼앗기도 하며, 원하는 것을 가져오기도 한다.

그러나 행위가 있어야만 원하는 결과가 다가왔을 때
정확하게 받을 수 있다.

그것을 거저 받아서도 안 되고 또는 훔쳐서도 안 된다.

다른 사람이 현금 가치로 지불하는 것보다 많은 사용

가치를 주어야 한다.

사고의 과학적 사용은 세 가지로 구성되어 있다.

하나는 원하는 것의 뚜렷한 영상 형성이고, 또 하나는 그것을 얻겠다는 단단한 의지, 마지막은 감사하는 마음과 신념을 통해 그것을 얻을 수 있다는 깨달음이다.

신비주의나 초자연주의의 방식으로 사고 작용을 계획하지 말라.

시간 낭비일 뿐 아니라 신성한 생각의 힘을 약화시키는 결과를 가져온다.

원하는 것을 얻으려면 바로 지금 행동하라.

부자가 되기 위한 사고의 작용에 대해서는 앞장에서 충분히 설명했다.

신념과 목적으로 생명의 욕구를 지닌 무형 물질에 영상을 새겨야 한다고 말했다.

이 영상은 모든 창조력을 가동시키고 행위의 통로를 통해 우리에게 다가온다.

창조적 과정을 인도하거나 감독하는 것은 우리의 일

이 아니다.

우리가 할 일은 영상을 간직하고 흔들리지 않는 목적을 지니고 신념과 감사를 잊지 않는 것이다.

그러나 원하는 것이 다가왔을 때 자기 것으로 만들기 위해서, 영상 속에 있는 것을 받아들이고 적절한 장소에 배치하기 위해서 특정한 방식의 '행동'이 필요하다. 원하는 물건을 소유한 사람이 그것과 동등한 가치를 지닌 것을 내게 요구할 때가 바로 물건이 다가올 때다. 그에게 그가 원하는 것을 줌으로써 내 소유인 그것을 얻을 수가 있다.

노력 없이 지갑이 항상 돈으로 가득 채워질 수는 없다. 받는 행위는 부자가 되는 법의 매우 중요한 포인트다. 바로 그곳에서 사고와 행위가 결합한다.

의식적으로든 무의식적으로든 많은 사람이 힘과 끈질긴 욕망으로 창조력을 가동시킨다.

그러나 원하는 것이 다가올 때 상응하는 무언가를 제공하지 않기 때문에 그들은 계속 가난을 떨쳐 버리지 못하는 것이다.

사고에 의해 원하는 것이 나에게 온다.

상응하는 행위로 그것을 받는다.

이제 어떤 행위가 되었든 그것이 있어야 하는 것은 자명한 사실이다.

과거에 의해 행동할 수는 없다.

마음속에서 과거를 몰아내고 정신적 영상을 맑게 하는 것이 중요하다.

미래는 아직 오지 않았기 때문에 미래에 의해 행동할 수는 없다.

어떤 일이 생기기 전에는 미래의 사건에 대해 어떠한 행동을 취하고 싶은지 말할 수도 없다.

당신이 스스로에게 맞는 사업이나 환경 속에 있지 않기 때문에 행위를 미루어야 한다고 생각하지 말라.

앞으로 일어날지도 모를 위급한 상황에 대비해 미리 계획을 세우느라 시간을 낭비하지도 말라.

어느 상황에서도 대응할 능력이 있다는 신념을 가져라.

앞으로 일어날 일에 마음을 쓰면서 현재의 행동을 한다면 그 행동은 마음과 합일된 것이 아니기 때문에 효과적일 수 없다.

현재의 행동에 온 신경을 집중하라.

창조적 마인드를 근본 물질에 던지고 나서 가만히 앉아 결과를 기다리지 말라.

그러면 결과를 얻을 수 없다.

지금 바로 행동하라.

다른 시간은 없다.

오직 지금뿐이다.

원하는 것을 받기 위한 준비를 시작해야 한다면 지금이 바로 그때이다.

행동은 현재의 사업이나 직장에서 이루어져야 하며 현재 주변에 있는 사람이나 사물에 행해져야 한다.

자신이 있지 않은 장소에서 행동할 수는 없다.

전에 있었던 곳에서 행동하거나 앞으로 있을 곳에서 행동할 수는 없다.

오직 현재 이 자리에서 행동할 수 있다.

행동을 통해 환경이 바뀌게 하라.

지나간 일의 잘잘못을 따지지 말고 오늘 일에 전념하라.

내일 할 일을 오늘 하려고 하지 말라.

내일이 오면 그 일을 할 충분한 시간이 있을 것이다.

자신의 손이 미치지 않는 곳에 있는 사람이나 사물에 대한 행동을 위해 신비주의나 초자연주의적 수단을 쓰려고 하지 말라.

행동하기 전에 환경이 바뀌기를 기대하지 말라.

행동을 통해 환경이 바뀌게 하라.

현재의 환경 속에서 행동하는 것이 발전된 환경으로 자신을 이동시켜 준다.

발전된 환경 속의 자신의 영상을 신념과 목적을 갖고 지키되 전심전력으로 현재의 환경 속에서 행동하라.

잠시라도 몽상에 젖어 있지 말라.

진심으로 원하는 하나의 영상을 간직하고 바로 행동하라.

부자가 되는 첫걸음을 떼기 위해 새롭고 독특하고 눈에 띄는 행동을 하려 해서는 안 된다.

시간이 지나면 십중팔구 전과 똑같이 행동하게 될 것이다.

그러나 지금은 당신을 분명히 부자로 만들어줄 특정 법칙에 따라 행동하라.

지금 운영 중인 사업이 당신에게 맞지 않는다고 해서 맞는 사업이 나타날 때까지 기다리지 말라.

잘못된 자리에 있다는 이유로 의기소침하거나 슬퍼하며 가만히 있지 말라.

처음부터 자신에게 맞는 자리를 찾은 사람은 없다.

또한, 자신과 맞지 않는 사업을 오랫동안 했다고 해서 원하는 새로운 사업을 다시 시작하지 말라는 법은 없다.

확고한 목적의식과 신념을 갖고 자신에게 맞는 일의 영상을 간직하라.

그러나 행동은 현재의 자리에서 하라.

더 나은 사업을 이루는 수단으로 현재의 자리를 활용하라.

발전된 환경에 들어갈 수단으로 현재의 환경을 이용하라.

자신에게 맞는 사업의 영상이 신념과 확고한 목적으로 간직되어 있다면 초월적 힘이 그 사업을 당신에게 가져다줄 것이다.

그리고 특정 법칙에 따른 행위 덕분에 그쪽으로 다가갈 것이다.

당신이 어떤 직장에 다니고 있는데 원하는 것을 얻기 위해 직장을 옮겨야 한다고 생각한다면 허공에 사고를 투영시키거나 거기에 의존하지 말라.

실패할 확률이 높다.

원하는 자리에서 일하고 있는 자신의 모습을 영상화하고, 현재의 자리에서 신념과 목적의식을 갖고 행동하면 분명히 원하는 자리를 얻게 될 것이다.

당신의 영상과 신념은 원하는 것이 다가오도록 창조의 힘을 가동시킨다.

당신의 행위는 현재의 환경 속에서 원하는 환경으로 변화시켜주는 힘을 유발한다.

마지막으로, 기본 원칙에 또 다른 원칙을 덧붙이겠다.

생각하는 물질이 있다.

그것은 만물의 근원이며 우주의 모든 공간을 침투해 스며들고 가득 채운다.

이 물질 내에 있는 사고는 생각에 의해 영상화한 것을 생산해 낸다.

인간은 머릿속으로 어떤 것들의 형태를 만들어 낼 수 있다.

무형 물질 위에 자신이 생각해 낸 형태를 형상화함으로써 그것을 창조할 수 있다.

이를 위해서는 경쟁심이 창조적인 마인드로 바뀌어야 한다.

자신이 원하는 것의 선명한 그림을 형성해야 한다.

그리고 그것을 손에 넣기 위해서는 확고한 목적과 함께 이 그림을 머릿속에 간직해야 하며 그것을 얻겠다는 신념이 있어야 한다.

동시에 목적에 영향을 주거나 영상을 흐리거나 신념을 꺾을 만한 모든 것에 대해 굳게 마음을 닫아야 한다.

원하는 것이 왔을 때 그것을 받기 위해서는 현재의 환경 속에 있는 사람들과 사물에 영향을 미치는 행동을 지금 해야 한다.

부를 창조하는
효과적인 행동법

충만한 삶으로 움직이기 시작하면 욕구의 영향력은 가
속이 붙는다.

사고는 앞서 설명한 대로 사용해야 한다.

행동은 현재의 상태에서 할 수 있는 것부터 시작해
야 하고 현재 상태에서 할 수 있는 모든 것을 해야
한다.

현재 위치에서 약간의 진보를 이룰 수 있을 것이다.
그러나 그 자리를 유지할 수 있는 작업을 전혀 하지
않은 채 더 나은 자리로 가는 사람은 없다.

현재의 자리를 단지 채우는 것에 끝나지 않고 그 이

상의 일을 하는 사람들에 의해 세상은 발전한다.

자기의 자리에 충실한 사람이 한 명도 없다면 모든 것은 후퇴하게 될 것이다.

현 위치에서 충실하지 않은 사람들은 사회, 정부, 경제에 짐을 더해 줄 뿐이다.

다른 사람들이 큰 경비를 들여 그들을 이끌고 가야 한다.

세상이 더디게 발전하는 것은 오직 자신의 자리에서 충실하지 않은 사람들 때문이다.

그들은 낮은 발달 단계에 속해 있다.

그들의 태도는 퇴보를 향한 것이다.

각 개인이 자신의 직분에 충실하지 못하면 그 사회는 결코 진보할 수 없다.

사회의 진보는 신체적, 정신적 발전 법칙에 의해 이끌어지기 때문이다.

동물 세계에서 진보는 언제나 생명력에 의해 일어난다.

하나의 생명체가 그 수준에서 표현되는 기능보다 많은 생명력을 가졌을 때 높은 수준의 기관이 발달하게 되고 바야흐로 새로운 종이 탄생한다.

자신의 자리를 채우는 것 이상의 기능을 수행하는 생명체가 없다면 새로운 종은 생겨나지 못할 것이다.

우리에게도 똑같은 법칙이 적용된다.

부자가 되는 것은 이 원칙을 자신에게 적용하느냐의 여부에 달려 있다.

매일매일은 성공의 하루 또는 실패의 하루이다.

원하는 것을 얻은 날은 성공적인 날이다.

매일 실패가 계속된다면 절대 부자가 될 수 없다.

매일 성공이 계속된다면 부자가 될 수밖에 없다.

오늘 해야 할 일이 있는데 하지 않는다면 그 일에 관한 한 실패한 것이다.

그리고 결과는 생각보다 훨씬 심각해질 수 있다.

매우 사소한 행위라도 결과는 뜻밖에 커질 수 있다.

가동된 모든 힘들이 어떤 식으로 작동할지 알 수 없기 때문이다.

단순한 행위 하나에 많은 것이 의존해 있을지도 모른다.

커다란 가능성을 향한 기회의 문이 바로 그 일일지도 모른다.

초월적 힘이 세상사와 인간사를 어떻게 만들고 조합

하는지 모두 알 수는 없다.

작은 일의 무시나 실패가 원인이 되어 원하는 것을 늦게 얻는 결과가 생길 수도 있다.

매일같이, 그날 할 수 있는 일은 미루지 말고 모두 그날 하도록 하라.

그러나 여기에도 고려해야 할 한계와 조건이 있다.

최단시간 내에 많은 양의 일을 한다고 과다하게 일을 해서는 안 된다.

내일 일을 오늘 하거나 일주일 동안 할 일을 하루에 해치워서는 곤란하다.

중요한 것은 일의 양이 아니라 각각의 행위의 효율성이다.

효율적인 행위와 비효율적인 행위

모든 행위는 효율적인 것과 비효율적인 것으로 나뉜다.

모든 비효율적인 행위의 끝은 실패이기 때문에 평생 비효율적인 행위만 한다면 그 인생은 바로 실패로 직결된다.

비효율적 행위는 하면 할수록 좋지 않은 결과만 초래한다.

한편 모든 효율적 행위의 결과물은 성공이기 때문에 평생 효율적인 행위만 한다면 그 인생은 틀림없이 성공한 인생이다.

실패의 원인은 비효율적인 태도로 많은 일을 하고 효율적인 일은 충분히 하지 않았기 때문이다.

비효율적인 일을 조금도 하지 않고 효율적인 행위를 충분히 한다면 부자가 된다.

이것은 논리적 명제이다.

각 행위를 효율적으로 이행하는 것이 가능하다면 틀림없이 부자가 될 수 있다는 뜻이다.

부자가 되는 법이 수학과 같은 정밀과학의 범위 안에 들어간다는 것을 이것으로 확인할 수 있다.

이제 문제는 각 효율적 행위를 성공으로 이끌 수 있느냐의 여부이다.

이에 대한 답은 '분명히 답을 할 수 있다'라는 것이다.

창조주는 늘 우리와 함께 있고, 그는 실패할 수 없기

때문에 우리는 우리의 행위를 성공으로 마무리할 수 있다.

초월적 힘은 우리 마음대로 사용할 수 있다.

각각의 행동을 효율성 높게 만들기 위해서는 자신의 내적 힘에 맡기면 된다.

모든 행동은 강하거나 약하거나 둘 중 하나이다.

모든 행동이 강하다면 부자로 만들어 줄 특정한 방식으로 행동해야 하는 게 옳다.

모든 행동이 강하고 효율적으로 되기 위해서는 행동을 하는 동안 자신이 만든 영상을 놓치지 말아야 한다.

그러기 위해서는 신념과 목적을 잊지 말아야 한다.

정신력과 행위를 합일시키지 못하는 사람은 반드시 실패한다.

같은 시간, 같은 장소에 정신력과 행동이 함께 있지 못한 결과물이다.

따라서 그의 행동은 그 자체로 성공적이지 않았고 비효율적인 것이 너무 많았다.

그러나 모든 행위에 초월적 힘을 동반시키면 그 자체

로 성공적인 행위가 된다.

모든 성공은 다른 성공으로 가는 길을 동시에 제시해 준다.

자신이 원하는 것을 향한 진보와 움직임은 계속해서 빨라지게 된다.

성공적인 행동은 결과에 누적된다는 사실을 꼭 명심하라.

누군가 더 충만한 삶으로 움직이기 시작하면 더 많은 물질이 그에게 다가오고 욕구의 영향력은 가속이 붙는다.

삶의 욕구가 만물에 내재된 이유가 그것이다.

그날 할 수 있는 모든 일을 그날에 하고 모든 행위를 효과적으로 행하라.

사소한 일이나 평범한 일이라 할지라도 매 행동마다 자신의 영상을 놓치지 말라는 말은, 아주 세부적인 것까지 뚜렷하게 영상으로 매 순간마다 감시하듯 보라는 뜻은 아니다.

쉬는 시간을 이용해서 그 영상이 기억 속에 고착될 수 있도록 또렷한 영상을 떠올려서 집중하기만 하면 된다.

신속한 결과를 원한다면 여가 시간마다 이 연습을 게으리하지 말길 바란다.

생각을 끊이지 않고 지속시키면 자신이 원하는 그림이 머릿속에 고정되고 무형 물질이 마음속으로 이동하게 될 것이다.

그 후, 일하는 동안에 최선의 노력을 다하기 위한 자극제로 영상을 한번 떠올리면 되는 것이다.

여가 시간에 기울인 노력으로 영상이 의식을 점령하게 되면 언제라도 그것을 꺼낼 수 있다.

미래의 밝은 약속에 크게 고무된 사람들은 그것에 대한 단순한 생각만으로도 강한 에너지를 발산할 수 있다.

우리의 원칙에 방금 알아낸 지식을 사용하여 끝부분을 살짝 바꾸어 보자.

생각하는 물질이 있다.

그것은 만물의 근원이며 우주의 모든 공간을 침투해 스며들고 가득 채운다.

이 물질 내에 있는 사고는 생각에 의해 영상화된 것을 생산해 낸다.

인간은 머릿속으로 어떤 것들의 형태를 만들어 낼 수 있다.
무형 물질 위에 자신이 생각해낸 형태를 형상화함으로써 그것을 창조할 수 있다.

이를 위해서는 경쟁심이 창조적인 마인드로 바뀌어야 한다.
자신이 원하는 것의 선명한 그림을 형성해야 한다.
그리고 신념과 확고한 목적으로 그날그날 할 수 있는 모든 일을 진행해야 한다.
또한 각각의 일은 효율적인 방법으로 행해야 한다.

"

부자들이 갖고 있는 고급품들이 그 무엇이든 간에 부자
가 되고자 하는 열망이 있는 사람이라면 누구든 손에 넣
을 수 있다.
문제의 핵심은 자신감이다.
해낼 수 있다는 자신감과 흔들리지 않는 믿음이 있으면
당신도 그런 부자가 될 수 있다.
-펠릭스 데니스

부를 창조하는
적합한 직업의 선택

욕구가 여럿이면 가장 많이 계발된 재능을 살릴 수 있는 것을 택하라.

사업의 종류에 상관없이 성공은 그 사업에 요구되는 능력의 소유 여부에 달려 있다.

음악적 재능이 없으면 음악 교사로 성공할 수 없고, 특별한 기술이 없으면 기계 업종 분야에서 커다란 성공을 거둘 수 없다.

장사에 대한 요령과 수완이 없는 사람은 판매 서비스업에서 성공을 거둘 수 없다.

그러나 특정한 직업에 요구되는 숙련된 기술이 부자

가 되는 것을 보장하지는 않는다.

뛰어난 재능을 가진 음악가들 중에도 가난하게 사는 사람들이 있다.

훌륭한 기술을 가진 목수나 대장장이 중에서도 부자가 아닌 사람들이 많이 있다.

사람을 다루는 기술이 뛰어난 상인들도 실패한다.

여러 능력들은 도구이다.

좋은 도구를 갖는 것도 무척 중요하지만, 그 도구들이 제대로 쓰이는 것이 더 중요하다.

A라는 사람이 날이 잘 드는 톱, 직각자, 대패를 가지고 멋진 가구 한 점을 만들었다.

다른 사람 B 역시 같은 연장을 갖고 A와 똑같은 가구를 따라 만들었다.

그러나 B가 만든 가구는 전혀 멋지지 않았다.

그것은 좋은 도구를 성공적인 방법으로 사용할 줄 몰랐기 때문이다.

한 사람이 가진 정신적 능력은 그 사람을 부자로 만들어주는 일을 할 때 꼭 필요한 도구이다.

숙련된 정신적 도구로 사업을 한다면 성공하기가 더

쉬워진다.

일반적으로 자신의 장점을 활용해 업종을 선택하고 그 최적의 직종에서 최선을 다해 일하는 것이 당연해 보인다.

그러나 거기에도 제한이 있다.

타고난 능력에 한해 직업을 선택해야 한다고 생각하는 사람은 아무도 없다.

우리는 어떤 직업을 갖고 있어도 부자가 될 수 있다. 그 직업에 맞는 재능이 없다면 계발하면 된다.

그것은 타고난 도구만 사용하는 데에 그치지 말고 일을 해나가면서 자신의 도구를 계발시켜야 한다는 뜻이다.

잘 계발시킨 재능을 이미 갖고 있다면 그 직종에서 성공하기가 더 쉬워질 것이다.

그러나 직종을 막론하고 성공할 가능성은 있다.

아무리 초보 상태의 재능이라도 계발할 수 있고 매우 적은 양이라 할지라도 무언가 재능을 갖고 있기 때문이다.

최적의 직종에 종사하면 가장 쉽게 부자가 되는 길을

걸을 것이다.

그러나 자기가 하고 싶은 일을 한다면 가장 만족스런 부자가 될 것이다.

자신이 하고 싶은 일을 하는 것이 삶의 목표이다.

하고 싶지 않은 일을 강제로 하고, 하고 싶은 일을 하지 못할 때 그 삶은 불만스럽다.

하고 싶은 일이 있다는 것은 틀림없이 그 일을 할 수 있는 능력이 있다는 뜻이다.

어떠한 일을 하고자 하는 욕구가 생기는 것은 자신의 내부에 그 일을 할 힘과 욕망이 있다는 증거이다.

욕구는 힘의 다른 표현이다.

음악 연주의 욕구는 표현과 계발을 찾는 힘이다.

기계장치 발명의 욕구 역시 표현과 계발을 찾는 힘이다.

계발되었든 계발되지 않았든 무언가를 하고자 하는 힘이 없는 경우는 그 일을 하고자 하는 욕구도 전혀 없다.

어떤 일을 하고자 하는 강한 욕구가 있다면 그것을 할 힘이 강하다는 것이므로 계발해서 적절하게 배치하는 것만이 필요하다.

비슷한 욕구가 여러 가지 있다면 그중 가장 많이 계발된 재능을 살릴 수 있는 직종을 선택하는 것이 최선이다.

그러나 특별한 직종에 참여하고 싶은 욕구를 강하게 느낀다면 그 일을 최종 목표로 삼아도 된다.

자신이 평소 바라던 일에 종사하고 있다면 당신에게 가장 알맞고 즐거운 직종을 선택하는 것은 당신만의 권리이자 특권이다.

하고 싶지 않은 일을 해야 할 의무는 이 세상 어디에도 없다.

자신의 목표를 위한 수단일 경우만 제외하고 그 일을 해서도 안 된다.

과거의 실수로 원치 않는 직종에 종사하고 있다면 얼마 동안은 참고 견디며 그 일을 해야 할 것이다.

그러나 자신이 언젠가 원하는 일을 하게 될 가능성이 있다는 것을 알고 그 일을 한다면 현재의 일도 즐겁게 할 수 있을 것이다.

따라서 자신에게 적합한 일이 아니라는 느낌이 들더라도 성급하게 다른 일로 바꾸려 경솔하게 행동해서는 안 된다.

일반적으로 직종이나 환경을 바꾸는 가장 좋은 방법은 점진적 확대이다.

기회가 왔는데 몸을 사리다가는 그것을 놓칠 수 있겠다는 느낌이 들었을 때, 갑작스럽고 근본적인 변화를 일으키는 것에 대해 두려움을 갖지 말라.

그 일을 하는 것이 현명한가에 대한 의혹이 든다면 갑작스러운 행동을 절대로 해서는 안 되는 것이다.

창조적 마인드 앞에서는 성급하게 서두를 필요가 전혀 없다.

기회는 얼마든지 있다.

경쟁적 마인드로부터 벗어나면 행동을 서두를 필요가 전혀 없다는 것을 이해할 것이다.

당신이 하고 싶은 일을 하지 못하도록 밀어낼 사람은 이 지구상에 아무도 없다.

모두에게는 충분한 기회가 있다.

한 자리가 채워지면 또 다른 더 나은 자리가 잠시 뒤에 열리게 될 것이다.

시간은 충분하다. 의심이 들면 기다려라.

영상을 떠올리는 시간으로 돌아가 신념과 목적의식을 증가시켜라.

그리고 의심과 불확실함의 시기에는 무엇보다도 감사의 마음을 키워라.

원하는 것의 영상을 이틀 정도 떠올리고 자신이 받게 될 것에 대해 열심히 감사하는 마음을 가져라.

그러면 조물주에게 밀접하게 다가갈 수 있기 때문에 행동할 때 실수를 저지르지 않을 것이다.

알아야 할 모든 것을 알고 있는 마음이 있다.

깊은 감사의 마음을 가지면 신념과 확고한 목적에 의해 그 마음에 밀접하게 다가갈 수 있다.

실수는 행동을 서두르거나 두려움, 의심을 동반한 행동, 혹은 모두에게 진보를 가져다주는 방향이 아닌, 옳지 못한 원인에 의해 행동할 때 생긴다.

특정한 방식으로 계속 움직이면 내게 다가오는 기회의 숫자는 늘어나기 마련이다.

신념과 목적을 끝까지 잊지 말아야 하고, 경건한 감사의 마음으로 초월적 힘과 밀접한 관계를 유지해야 한다.

매일 완벽한 방법으로 할 수 있는 모든 일을 한다.

그러나 걱정이나 두려움으로 서둘러 행동하지 말라.

서두르기 시작하는 순간, 창조적 마인드가 활동을 멈추고 경쟁적 마인드가 활개를 치기 시작한다는 사실을 명심하라.

결과는 다시 후퇴하는 것이다.

서두른다고 느낄 때 거기서 멈추어야 한다.

원하는 영상에 신경을 집중하고 얻게 될 것에 감사의 기도를 시작하라.

감사의 기도를 하면 신은 틀림없이 신념을 강화시키고 목적의식을 새롭게 해줄 것이다.

지속적인 진보가
부를 창조하는 이유

남을 지배하려는 마음은 경쟁적이라 창조적 마인드가 될
수 없다.

직종을 바꾸었든 바꾸지 않았든 현재 몸담고 있는 직
종 안에서 행동해야 한다.

기반을 잡아 놓은 사업을 발전적으로 사용하고 특정
한 방식으로 일과를 행함으로써 당신이 원하는 사업
을 얻을 수 있다.

직접 만나거나 전화나 편지 등으로 사람들을 다루는
사업이라면 진보의 흔적이 상대의 마음에 전달되는
것을 목표로 삼아야 한다.

진보는 모든 사람이 추구하는 것이다.

그것은 내부의 무형 지능이 충만한 발현을 찾고자 하는 충동이다.

진보의 욕구는 자연 전체에 내재한 특성이고 우주의 기본 충동이다.

모든 인간 활동은 진보를 위한 욕구에 기초를 두고 있다.

인간은 더 좋은 음식, 더 좋은 옷, 더 좋은 집, 더 사치스럽고 더 아름다운 것, 더 많은 지식, 더 큰 즐거움을, 즉 더 충만한 삶을 추구한다.

지구상의 모든 생물은 지속적인 진보의 필요성 아래 놓여있다.

생명의 증가가 멈추게 되면 즉시 소멸과 죽음이 찾아온다.

인간은 이 사실을 본능적으로 알고 있다.

따라서 영원히 더 많은 것을 찾는 것이다.

영원한 증가의 법칙은 예수께서 달란트의 비유로 가르친 바 있다.

"누구든지 있는 사람은 더 받아 넉넉해지고 가진 것

이 빈약한 자는 있는 것마저 **빼앗길** 것이니라."

부를 증가시키고자 하는 평범한 욕구는 사악하거나 천박한 것이 아니다.

풍요로운 삶을 지향한 욕구일 뿐이다.

또한, 그것은 인간 본연의 욕구이기 때문에 사람은 누구나 생활의 수단, 즉 물질을 많이 주는 사람에게 이끌리기 마련이다.

위에서 설명한 특정한 방식을 따라가면 당신의 물질이 증가하고 당신과 거래하는 모든 사람도 부가 증가한다.

모든 이들에게 증가된 물질을 나누어 주는 창조적 중심이 바로 당신 자신이다.

이 사실을 반드시 명심하고 만나는 모든 사람마다 증가의 흔적을 전하라.

어린이에게 사탕을 파는 아주 작은 거래 행위에도 증가의 사고를 심고 손님이 그 사고에 감동을 받을 수 있도록 해야 한다.

모든 인간적 행위에 진보의 흔적을 담아 진보하는 사람의 모습을 보여 주도록 하라.

그리고 당신과 거래함으로써 상대도 진보한다는 인상을 전하라.

또한, 알고 지내는 모든 사람들에게 증가의 사고를 전달하라.

사람들에게 진보의 인상을 전달하는 방법은 당신이 진보의 길을 가고 있다고 굳게 믿음으로써 그 신님이 당신의 모든 행동에 배어나오게 하는 것이다.

받고 싶으면 그만큼 베풀어라.

진보하는 사람이라는 굳은 확신을 가지고 모든 일을 행하면 다른 사람들에게 진보를 나눠 줄 수 있다.

부자가 되어가고 있다고 느끼고 그런 식으로 행동함으로써 다른 사람들을 부자로 만들어주고 이익을 주게 되는 것이다.

성공을 이뤘다고 해서 자랑하거나 쓸데없이 떠벌리지 말라.

진실한 신념은 절대 자랑하지 않는다.

자랑을 늘어놓는 사람은 무언가 감추는 것이 있거나

곤란한 부분이 있는 것이다.

굳은 믿음만 있으면 모든 삶에 그 신념이 저절로 흘러나온다.

행동이나 어조, 시선 등에서 부자가 되어 간다는, 이미 부자가 되었다는 조용한 자신감이 흘러나오게 하라.

당신의 자신감이 남들에게 느껴지는 데에는 말은 필요하지 않다.

그들은 당신의 존재만으로도 증가를 느끼고 당신에게 이끌릴 것이다.

다른 사람들에게 강한 인상을 남겨 당신과 거래를 하면 자신들도 진보할 것이라는 확실한 느낌을 주어야 한다.

그러기 위해서 그들로부터 받는 현금 가치보다 더 많은 사용 가치를 주어야 한다.

매사에 자부심을 갖고 모든 사람을 대한다면 고객이 끊이지 않을 것이다.

사람들은 증가를 부여받는 곳으로 가기 마련이다.

만물이 진보하기를 바라며 모든 것을 알고 있는 초월

적 힘이 전혀 모르는 사람들을 나에게 인도한다.

사업은 급속히 번창할 것이며 기대치 못한 수익에 놀랄 것이다.

사업 규모를 늘리고 더 많은 이익을 확보하면서 적절한 직종을 향해 앞으로 나아갈 수 있다.

그러나 이때에도 영상을 놓치거나 신념과 목적의식을 잃으면 안 된다.

한 가지 주의할 사항은 타인 위에 군림하려는 유혹을 조심하라는 것이다.

힘의 과시나 남을 지배하는 것만큼 미숙한 사람들을 즐겁게 하는 일은 없다.

이기적 만족감으로 남을 지배하려는 욕구는 세상에 내린 저주이다.

수 세기 동안 왕과 영주들은 자신의 영역을 넓히기 위해 많은 전쟁을 치렀고 세상을 피로 물들였다.

그들은 모든 사람의 삶을 증가시키려는 노력 대신 자신의 권력을 증가시키는 데에만 노력해 왔다.

오늘날 산업 세계의 주요 동기 역시 그와 마찬가지라고 할 수 있다.

사람들은 돈이라는 무기로 무장하고 타인 위에 군림하기 위해 수백만의 삶과 영혼을 알게 모르게 짓밟고 있다.

산업계의 제왕들은 정치적 제왕들과 마찬가지로 권력의 욕망에 사로잡혀 있다.

예수께서는 지배자가 되고자 하는 욕망 속에 사악함의 충동이 있다고 엄숙하게 경고하고 이를 타도해야 한다고 말씀하셨다.

'마태복음 23장'을 보면 '스승'으로 불리기를 바라고, 제일 높은 자리를 찾으며, 불쌍한 자들에게 무거운 짐을 지게 하는 바리새파 사람들의 욕망이 나온다.

예수께서는 이 지배욕을 버리고 형제애를 찾아야 한다고 제자들에게 말씀하셨다.

권위, 지배욕 및 돈으로 다른 이들을 감동시키려는 유혹을 경계하라.

남을 지배하려는 마음은 경쟁적 마인드이고 경쟁적 마인드는 창조적 마인드가 될 수 없다.

자신의 환경과 운명을 지배하기 위해 다른 사람들

위에 군림할 생각은 해서도 안 되고, 할 필요도 전혀 없다.

높은 자리를 차지하기 위한 경쟁 속으로 들어가는 것은 운명에 정복당하기 시작하는 행위이며, 부자가 되는 것을 요행과 운에 맡길 수밖에 없다는 한심한 짓이다.

경쟁적 마인드를 조심하라.

'황금률 존스'의 새뮤얼 M. 존스(Samuel M. Jones)가 입버릇처럼 했던 말이 있다.

창조적 행동의 원칙을 잘 나타내주는 금언 중의 금언이다.

"남에게서 받고자 하는 대로 남들에게 주어라."

생명은
진보를 추구한다

진보적인 삶을 살아가는 사람에게 기회의 부족이란 있을 수가 없다.

앞에서 설명한 법칙은 전문직이나 월급생활자뿐 아니라 상인에게도 적용된다.

직업의 종류에 상관없이 다른 이들에게 부의 증가를 줄 수 있고 그들이 그것을 느낄 수 있다면 사람들은 당신에게 이끌릴 것이고 당신은 부자가 될 것이다.

위대하고 성공적인 의료인이라고 자부하는 의사는 그 영상을 완벽하게 실현하기 위해 신념과 확고한 목적의식을 갖고 일할 것이다.

따라서 그는 조물주와 밀접한 관계를 갖고 놀라운 성공을 거두게 되고, 환자들이 그에게 몰려들 것이다. 의학을 다루는 이들은 이 책의 효과를 가장 크게 볼 기회가 많은 사람들이다.

그가 어느 학파에 속했느냐는 중요한 문제가 아니다. 치료의 원칙은 의료인 모두에게 공통이기 때문이다. 의학에 종사하는 진보인, 즉 성공한 의료인으로서의 뚜렷한 영상을 지니고 신념과 확고한 목적의식과 감사의 법칙에 순종하는 사람은 치료법에 상관없이 자신이 완수해야 할 모든 치료에 성공할 것이다.

종교 역시 의학과 크게 다르지 않다.

세상은 풍요로운 삶의 진정한 과학을 가르칠 성직자를 소리 높여 찾고 있다.

부자가 되는 법과 함께 올바르고 위대한 인간, 승리하는 사랑의 원리를 세부적으로 연구한 사람이나 이것을 단상에서 가르치는 사람 앞에 청중은 끊이질 않을 것이다.

세상이 필요로 하는 복음이란 바로 이것이다.

이것은 생명의 진보를 가져다준다.

사람들은 기쁜 마음으로 설교를 듣고 그것을 전파한 사람에게 아낌없는 지지를 보내줄 것이다.

이제 남은 것은 단상에서 삶의 과학을 어떻게 보여줄 것이냐이다.

사람들은 방법만을 말하는 설교자보다는 몸소 실천하는 성직자를 원한다.

부자이고 건강하고 위대하고 사랑받는 설교자는 자신이 어떻게 그러한 것들을 얻었는지 실제 경험담으로 들려줄 것이다.

그리고 그를 따르려는 자들의 수도 많아질 것이다.

교사의 경우도 마찬가지이다.

진보하는 삶의 신념과 목적의식을 가지고 학생들을 가르치면 감동을 불러일으킬 수 있다.

그는 절대 직장을 잃는 일이 없을 것이다.

교사가 가진 신념과 확고한 목적의식은 학생들에게도 전달될 것이다.

그것이 삶의 일부라면 학생들에게 전달되지 않을 수 없다.

교사, 성직자, 의사와 마찬가지로 변호사, 치과의사,

부동산업자, 보험대리인 등등 각 분야의 모든 사람에게도 위의 사실은 적용된다.

정신과 결합된 행동은 오류가 없다.

정신과 결합된 행동은 절대 오류가 일어날 수 없다.
이 가르침을 꾸준히 따르는 사람들은 문자 그대로 부자가 될 것이다.
삶의 증가 법칙은 중력의 법칙처럼 수학적으로 정확한 것이다.
그래서 부자가 되는 것은 정밀과학이다.
이것은 월급생활자에게도 해당하는 진리의 말이다.
눈에 띄지 않는 곳에서 일하기 때문에 발전의 기회가 없고, 부자가 될 수 없다고 생각하지 말라.
능력에 비해 임금이 적은 곳에서도 기회는 있다.
원하는 영상을 뚜렷하게 형성하고 신념과 확고한 목적의식을 갖고 행동하기 시작하라.
그날 할 수 있는 모든 일을 매일 하라.
또한, 각각의 일을 완벽하게 성공적인 방법으로 행하라.

성공의 힘과 부자가 된다는 목적의식을 갖고 모든 일을 행하도록 하라.

그러나 상사나 고용주에게 아첨해서 발전을 이루겠다는 생각은 금물이다.

그들이 당신에게 좋은 일자리를 주거나 승진을 시켜줄 가능성은 희박하다.

자신의 자리에서 최선의 능력을 발휘하고 거기에 만족하는 좋은 일꾼인 사람은 고용주 입장에서 매우 귀한 존재이다.

그를 승진시키는 것은 고용주의 마음에 없다.

현재의 자리에서도 그 이상의 가치를 발하고 있기 때문이다.

확실한 발전을 위해서는 자기 자리에 충실한 것 이상의 무언가가 필요하다.

발전 가능성이 농후한 사람은 현재의 위치에 있기에는 아까운 사람이고 자신이 원하는 것의 개념이 분명한 사람이다.

자신이 되고자 하는 사람이 될 수 있다는 것을 알며 그 결심이 확고한 사람이다.

고용주를 기쁘게 하겠다는 생각으로 직분 이상의 것을 하지 말라.

오직 자신을 발전시킨다는 생각으로 임하라.

일하는 시간에도, 퇴근 후에도, 일하기 전에도 증가의 신념과 목적을 간직하라.

현장 책임자, 동료, 사회에서 만난 지인 등 어떤 사람과 접촉할 때에도 그러한 신념과 확고한 목적의식이 온몸에서 뿜어져 나오게 하라.

만나는 사람마다 당신에게서 발전과 증가를 느낄 수 있도록 하라.

사람들이 당신에게 이끌려올 것이고, 지금 자리에서 발전의 가능성이 보이지 않는다면 곧 다른 자리로 갈 기회가 찾아올 것이다.

만물은 나아가는 사람을 위해 존재한다.

특정 법칙에 따라 움직이는 진보적인 사람에게는 수많은 기회가 찾아온다.

특정 법칙에 따라 행동하면 창조주는 자신을 돕기 위

해서라도 당신을 도울 수밖에 없다.

경제상황이 좋지 않아도 실망할 필요는 없다.

대기업에 취직해 부자가 될 수 없다면 어느 정도의 땅을 마련해서 부자가 될 수 있다.

특정한 방식으로 움직이기 시작하면 대기업의 족쇄에서 탈출해 농장이든 어디든 맘대로 가고 싶은 곳으로 갈 수 있다.

수천 명의 직원이 특정한 방식으로 움직인다면 그 회사는 곧 곤경에 처하게 될 것이다.

회사는 직원들에게 더 많은 기회를 제공하든지 파산신청을 해야 될 것이다.

부당한 임금을 받으면서 계속 일할 필요는 없다.

절망적인 조건 속에서도 떠나지 않는 사람들은 너무 무지해서 부자가 되는 법을 모르거나 지나치게 게을러서 실천하지 않는 경우일 것이다.

앞서 말한 방식으로 생각하고 행동하라.

그러면 신념과 목적의식으로 더 나은 기회를 포착하게 될 것이다.

만물의 원동력인 조물주의 초월적 힘이 기회를 가져

다줄 것이기 때문에 기회는 당신을 향해 아주 빠른 속도로 다가올 것이다.

되고자 하는 것을 기회가 올 때까지 기다려서는 안 된다.

지금보다 더 나아질 수 있는 기회라면, 그리고 그것에 이끌린다면 손을 뻗어 잡아라.

더 큰 기회를 향한 첫걸음이 반드시 될 수 있다.

진보적인 삶을 살아가는 사람에게 기회의 부족이란 있을 수가 없다.

만물은 앞으로 나아가는 사람을 위해 존재하며 그의 행복을 위해 함께 한다.

그것이야말로 이 우주의 고유 특성이다.

진보하는 사람이 특정 방식으로 행동하고 사고하면 부자가 되는 것은 당연한 일이다.

따라서 샐러리맨들은 이 책을 열심히 읽고 앞에 기술한 행동방식을 따라야 한다.

당신에게 실패란 있을 수 없다!

'부자의 법칙'에 대한 결론적 고찰

실패를 겪는 것은 충분히 요구하지 않아서이다. 계속해서 요구하라.

정밀과학으로서의 부자가 되는 법칙이 있다는 사실에 대해 실없는 소리라며 코웃음 칠 사람들이 있을 것이다.

부의 공급이 제한되어 있다는 생각을 가진 사람들은 다수의 사람들이 부를 얻기 전에 사회기관과 정부가 변해야 한다고 주장한다.

일견 맞는 말인 것 같지만 그것은 옳은 주장이 아니다. 어느 정부나 합리적이지 못한 정책을 섣불리 펼쳐 서민들의 가난을 지속시키는 경우가 있음은 사실이다.
그러나 그것은 서민들이 특정한 방식으로 생각하고
행동하지 않았기 때문이기도 하다.

이 책이 제시한 내용에 따라 행동하기 시작한다면 정
부도 산업 시스템도 그들을 저지할 수 없다.

모든 시스템이 진보적인 움직임에 맞도록 조정되어
야 할 것이다.

진보적인 마인드와 부자가 될 수 있다는 신념을 갖는
다면 그 무엇도 가난을 지속시키지 못한다.

어느 시대, 어떤 형태의 정부 아래서도 각 개인들은
특정 법칙에 따를 수 있고 부자가 될 수 있다.

많은 사람이 특정한 방식으로 행동하면 정부의 시스
템이 바뀌고 더 많은 이들에게 길이 열리게 된다.

경쟁적 마인드로 부자가 되는 사람들이 많아질수록
그 외의 사람들은 불리함을 겪게 된다.

반면에 창조적 마인드로 부자가 되는 사람들이 많아
질수록 그 외의 사람들은 이로움을 얻는다.

서민의 경제적 구원은 이 책이 기술한 과학적 방법을
실행에 옮김으로써 부자가 되도록 그들을 독려하는

것밖에는 없다.

이들이 부자가 될 수 있다는 신념과 진정한 삶의 욕구를 가지면 더 많은 사람에게 감동을 줄 수 있다.

그러나 현재로는 정부의 형태와 자본주의 및 경쟁주의의 산업구조에 상관없이 부자가 될 수 있다는 것을 아는 것만으로도 충분하다.

창조적 마인드로 생각하기 시작하면 전혀 다른 왕국의 시민이 될 수 있다.

명심할 것은 창조적 마인드를 지켜야 한다는 것이다.

공급 부족을 걱정하거나 경쟁적 마인드를 갖고 행동하는 일은 절대 없어야 한다.

새로운 사고방식을 잊게 되었다면 즉시 자신을 수정토록 하라.

경쟁심을 가질 때마다 초월적 힘과의 협력이 깨지기 때문이다.

실패의 가능성을 인정하지 말라.

일어날 가능성이 별로 없는 위기에 대한 대비로 시간

을 낭비하지 말라.

당신은 오늘 일을 완벽하게 성공적으로 행하기만 하면 된다.

내일 일어날 일을 미리 걱정하지 말기 바란다.

앞에 닥치면 그때 해결할 수 있다.

사업을 하면서 앞으로의 위기 극복에 대해 미리 걱정하지 말길 바란다.

오늘 취할 조치가 미래의 위기 극복에 필수적인 경우만 제외하고는 모두 무시하라.

멀리서 볼 때에는 아무리 두렵게 보이는 위기라도 특정한 방식으로 행동해 나가면 위험이 없어지거나, 오더라도 거뜬히 돌파할 수 있거나 피해갈 수 있게 된다.

과학적 방법으로 부자가 되는 과정 중의 자신을 저지할 상황은 아무것도 없다.

법칙에 순응하는 이들은 부자가 되는 일에 실패하지 않는다.

이 원칙은 2곱하기 2를 해서 4를 얻는 것에 실패하는 사람이 없는 경우와 마찬가지이다.

재앙, 위기, 공황상태, 최악의 상황에 대해서도 불안해하지 말길 바란다.

문제가 바로 눈앞에 닥치기 전에 충분한 시간이 있을 것이다.

모든 어려움은 극복 대책과 함께 온다는 것을 당신 스스로 발견하게 될 것이다.

말을 조심하라.

낙담한 듯 보이지 말라.

자기 자신에 대해 혹은 개인 사정에 대해 그 어떤 것이라도 낙담한 표정으로 말해서는 안 된다.

실패할 가능성을 절대 인정하지 말고 실패를 염두에 둔 어떤 말도 하지 말길 바란다.

어려운 시기라거나 확실하지 않은 사업 조건이라는 말을 하지 말라.

경쟁심을 가진 사람에게는 어려운 시기나 의심스러운 사업이 있을 수 있지만 창조적 마인드를 가진 당신에게는 해당되지 않는 말이다.

당신은 원하는 바를 창조해 낼 수 있고 두려움도 없다.

다른 이들이 어려운 시기와 불황을 맞을 때 당신은

가장 큰 기회를 얻을 것이다.

세상을 발전하는 곳으로 보는 훈련을 하라.

사악해 보이는 것은 단지 미개한 것이라고 생각하라.

항상 진보적인 마음으로 이야기하라.

그렇게 하지 않으면 신념을 부인하는 것이고 신념을 부인하면 진보에 실패하게 된다.

낙담하도록 자신을 내버려 두지 말길 바란다.

일정 시간 안에 무엇을 얻으리라 기대했는데 그것을 얻지 못했을 때 실패라고 생각할 수 있다.

그러나 신념을 잃지 않는다면 그것이 사실은 실패가 아니라는 것을 곧 깨닫게 될 것이다.

재능이 없어서 실패하는 일은 없다.

계속해서 특정한 방식으로 행동하라.

특정한 물건을 얻지 못한다면 그보다 좋은 것을 얻게 될 것이고, 그때가 되면 실패로 보이던 것이 사실은 큰 성공의 전주곡이었음을 깨닫게 될 것이다.

부자가 되는 법을 공부하던 어느 젊은이가 당시 매우

간절히 원하던 사업을 마음속에 그리고 있었다.

그는 몇 주 동안 그 사업을 실현하기 위해 노력했다.

그러나 매우 중요한 순간이 왔을 때 전혀 이해할 수 없는 이유로 실패하고 말았다.

보이지 않는 힘이 그를 밀어내는 것 같았다.

하지만 그는 실망하지 않았다.

반대로 그는 자신이 열망하던 바가 이루어지지 않은 것에 대해 신에게 감사하고 겸손한 마음을 계속 간직했다.

몇 주 뒤, 그에게 훨씬 좋은 기회가 찾아왔다.

첫 거래에서는 꿈도 꾸지 못할 조건이었다.

그는 자신보다 똑똑한 어떤 마음이 더 좋은 것을 위해 그보다 못한 것을 막았다는 사실을 깨달았다.

겉으로는 실패로 보이는 것들이 실제로는 그와 같은 작용을 한다.

단, 신념을 잃지 않고, 목적의식을 간직하며, 감사하는 마음으로 매일 그날 할 수 있는 모든 일을 할 때만이 그렇다.

실패를 겪는다면 그것은 충분하게 요구를 하지 않아

서이다.

계속해서 요구하라. 보다 큰 것이 올 것이다. 그 사실을 명심하라.

원하는 것을 할 만한 재능이 없어서 실패하는 일은 없다.

내가 말한 대로 계속해 나간다면 그 일에 꼭 필요한 능력을 발전시키게 될 것이다.

재능을 계발하는 일까지 이 책에서 다룰 수는 없다. 그러나 부자가 되는 과정만큼 확실하고 간단하다.

원하는 지점에 이르렀을 때 능력이 부족해서 실패할 것이라 생각하여 주저하지 말라.

계속 전진하라.

그 지점에 이르면 능력이 배가되어 있을 것이다.

교육을 제대로 받지 못한 링컨이 정부 수립 이래 어느 대통령보다도 큰 업적을 이루어낸 것과 같은 능력이 당신에게도 있다.

생각하는 힘을 사용하여 자기 앞에 놓인 책임을 마주하라.

강한 신념으로 행하라.

그리고 이 책을 공부하라.

이 안에 담긴 모든 사상을 모조리 숙지할 때까지 항상 몸에 지니고 다녀라.

신념을 확고하게 다지는 동안 대부분의 여흥은 포기하고 이 책의 내용과 반대되는 강의나 설교도 듣지 말길 바란다.

염세적인 문학작품을 읽지 말기 바란다.

서문에 소개한 저자들의 글 이외에는 읽지 말라.

여가 시간에는 영상을 떠올리고 범사에 감사하는 마음을 키우고 이 책을 읽어라.

여기에는 부자가 되는 법의 모든 것이 담겨 있다.

다음 장에서 마지막으로 부자가 되는 법에 대한 요점을 정리해 보자.

"

어떤 사람이 돈을 좇는다면 그는 돈에 미친 사람이다.

돈을 잘 보관한다면 그는 자본가다.

돈을 써버린다면 그는 플레이보이다.

돈이 없는 사람은 쓸모없는 인간이며, 아예 돈을 벌려는

노력조차 안 한다면 야심이 없는 사람이다.

노력 없이 돈을 벌었다면 기생충이다.

평생 고되게 일을 하며 돈을 모았다면 사람들은 그를 바

보라고 부를 것이다.

평생 아무것도 못 해본 사람이라며.

-빅 올리버

'부자의 성공법칙' 마지막 요점 정리

영상의 실현을 통해 부자가 되겠다는 목적을 마음속에 간직하라.

생각하는 물질이 있다.

그것은 만물의 근원이며 우주의 모든 공간을 침투해 스며들고 가득 채운다.

이 물질 내에 있는 사고는 생각에 의해 영상화된 것을 생산해 낸다.

인간은 머릿속으로 어떤 것들의 형태를 만들어 낼 수 있다.

무형 물질 위에 자신이 생각해낸 형태를 형상화함으

로써 그것을 창조할 수 있다.

이를 위해서는 경쟁적 마인드가 창조적 마인드로 바꾸어야 한다.

그렇지 않으면 창조적인 무형 지능과의 조화가 깨지기 때문이다.

인간은 자신에게 내려온 축복에 진실로 감사하는 마음을 가짐으로써 무형 물질과의 완벽한 조화를 이룰 수 있다.

감사는 인간의 마음과 사고하는 마음을 하나로 결합시키고, 그로 인해 인간은 무형 물질로부터 생각하는 힘을 얻을 수 있게 된다.

인간은 깊고 지속적인 감사의 마음을 통해 무형 지능과 합치되고 그로 인해 창조적 마인드를 유지할 수 있다.

우선 갖고자 하는, 하고자 하는, 혹은 되고자 하는 것의 영상을 명확하게 형성해야 한다.

그 영상을 머릿속에 간직한 채 소망하는 모든 것을 내려주는 초월적 힘에 무한한 감사를 드린다.

부자가 되고자 하는 사람은 쉬는 시간에 영상을 떠올리고 그것이 현실로 나타나게 됨을 열심히 감사드린다.

혼들리지 않는 신념 및 감사의 마음을 동반한 명상의 빈도는 너무 중요해서 아무리 강조해도 모자라지 않는다.

이러한 과정을 통해서 무형 물질에 모양이 나타나고 창조력이 가동된다.

창조적 에너지는 기존의 자연적 성장 통로와 현재의 산업 및 사회 질서를 통해 작용한다.

단, 이 책의 가르침을 따르고 혼들리지 않는 신념을 가졌을 때만 그렇다.

원하는 것은 기존의 거래방식을 통해서 온다.

원하던 것이 내게 다가오려 할 때 온전히 받을 수 있으려면 항상 능동적이어야 한다.

자신의 현 위치를 지키는 것만으로는 부족하다.

영상의 실현을 통해 부자가 되어야겠다는 목적을 마음속에 굳게 간직하고 있어야 한다.

매일매일 그날 할 수 있는 모든 일을 해야 한다.

그리고 각각의 행동을 성공적으로 완수해야 한다.

현금 가치보다 많은 사용 가치를 다른 이에게 주어야 한다.

그래야만 당신의 거래가 삶을 증진시키는 방향으로 나아간다.

또한, 진보적인 사고를 통해 축적시킨 증가의 흔적이 만나는 사람들에게 전달되어지게 해야 한다.

이와 같은 지침을 실천한 사람들은 틀림없이 부자로 성공하게 될 것이다.

그들이 얻는 부는 영상의 정확함, 목적의 확고함, 신념의 불변성, 감사의 깊이와 정확히 같은 비율이다.

다음의 질문들은 이 책에 대한 전반적 고찰과 성공적으로 부자가 되는 법의 개요로 구성되어 있다.

각 질문을 읽고 깊이 생각한 뒤 답을 써 보자.

부자가 되는 법의 원리원칙을 숙지했다면 가능한 한 책을 다시 보는 일 없이 답을 쓰자.

그런 다음 다시 책을 읽고 답을 수정하자.

이러한 연습을 통해 이 책에서 제시하는 원리를 인지, 실현, 적용하는 능력이 놀랍게 증가될 것이다.

01
Financial Success

❶ 삶의 권리에 부자가 될 권리가 포함된다는 것을 설명하라. 그 이유를 모두 설명하라.

❷ 정직한 가난으로 만족하는 것이 옳은가? 아니라면 이유는 무엇인가? 얼마나 부자가 되고 싶은가?

❸ 완전한 삶이란 무엇인지 설명하고 그 삶에 부가 왜 필요한 것인지를 설명하라.

❹ 몸과 마음과 영혼 중 어느 부분이 가장 취약하다고 느끼는가?

02
Financial Success

❶ 돈과 재산을 어떤 방법으로 소유하는가?

_____

_____

_____

_____

_____

❷ 부자가 되는 것이 환경의 문제가 아니라는 것을 명확히
증명하라.

_____

_____

_____

_____

_____

_____

❸ 부자가 되는 것은 뛰어난 재능의 결과가 아니라는 것을
증명하라.

❹ 부자가 되는 것은 절약이나 검소함의 결과가 아니라는
것을 설명하라.

❺ 부자가 되는 것은 남들이 모르거나 간과한 것들을 행한 결과가 아니라는 것을 설명하라.

_____

_____

_____

_____

_____

❻ 특정한 방식으로 행동하는 것이 따라하지 못할 정도로 어렵지 않다는 것을 설명하라.

_____

_____

_____

_____

_____

❼ 부자가 되는 데에 장소나 환경이 어느 정도 중요한지를 설명하라.

03
Financial Success

❶ 기회는 독점되지 않는 사실이라는 것을 설명하라.

❷ 근로자들의 미래는 자신의 손에 달려있다는 것을 구체
적으로 설명하라.

---

❸ '보이지 않는 공급'이 뜻하는 바는 무엇인가?

---

❶ 생각이 무형물질로부터 창조를 일으키는 방법을 제대로 설명하라.

_____

_____

_____

_____

_____

❷ 인간은 어떤 존재이며 어떤 힘을 갖고 있는가?

_____

_____

_____

_____

_____

_____

❸ 39~40페이지의 기본 법칙을 다시 한번 읽어 보라. 무슨 뜻인지 이해하고 그 사실을 믿는가? 사실이라면 어떻게 증명하겠는가?

_____

_____

_____

_____

_____

❹ 겉모습 뒤에 숨은 '기본적 사실'은 무엇인가?

_____

_____

_____

_____

_____

❺ 기본 법칙을 읽고 나서 그에 따른 개념들을 숙지하였는가? 부자가 되는 법을 실천한다면 어떤 행위를 하고 무엇을 믿어야 하는가?

05
Financial Success

❶ 신은 우리가 부자가 되기를 원한다는 것을 증명하고 그 이유를 설명하라.

❷ 우리의 목적이 초월적 힘의 목적과 반드시 조화를 이루어야 하는 이유를 설명하라. 그리고 초월적 힘의 목적은 무엇인가?

❸ 충실한 자기 자신을 만듦으로써 남을 돕는 것이 다른 방법에 우선하는 이유는 무엇인가?

❹ 창조와 경쟁의 차이는 무엇인가? 그 차이를 납득할 수 있도록 쓰라.

❺ 신이 금권주의와 재벌을 만들어 낸 이유를 구체적으로 설명하라.

❻ 경쟁적 마인드로 얻어진 부는 무엇 때문에 행복을 가져오지 못하는가?

❼ 경쟁적 마인드를 갖지 않으려면 어떻게 해야 하는지를 설명하라.

❶ 사용 가치와 현금 가치의 차이점을 설명하고 다른 사
람의 것을 빼앗지 않고 수익을 만드는 법을 제시하라.

❷ 직원에게 월급을 주는 고용주라면 임금 불공정을 해소
하기 위해 어떤 정책을 쓰는가?

❸ 사고에 의해 직접적으로 형태를 만들어 낼 수 있는가?
창조는 어떻게 발생하는지 그 과정을 설명해 보라.

❹ 사용할 능력보다 적은 양의 물질을 요구하는 것은 실수
라고 보는가?

❶ 초월적 힘과 관계를 맺는 세 가지 단계는 무엇인가?

_____

_____

_____

_____

_____

❷ 신과의 밀접한 관계를 유지시켜 주는 것이 감사하는 마음인 이유를 설명하라.

_____

_____

_____

_____

_____

❸ 작용과 반작용의 법칙을 설명하라.

❹ 최상의 것에 마음을 집중시켜야 하는 이유를 논리적으로 설명하라.

❺ 예수께서 하나님을 향해 말한 네 개의 구절을 다시 옮겨 쓰면서 읽고 자신의 생각을 밝혀 보라. 이 책의 해석과 어떤 차이가 있는가?

❻ 감사와 신념의 관계를 설명하라.

❼ 모든 것이 훌륭한 이유와 원리를 설명하라.

❶ 사고 물질에 형태를 찍기 위해 해야 할 일 중 가장 중요한 것은 무엇인가?

❷ 상상을 과학적으로 사용하는 사람과 몽상가의 차이점은 무엇인가?

❸ 상상의 과학적 사용에 대해서 자신의 생각을 여기에 밝혀 보라.

❹ 신념과 목적의식을 갖고 일하고 있는가?

❶ 타인에게 의지력을 적용할 권리가 없음을 나름대로 설
명해 보라.

❷ 의지력을 사용해 원하는 것을 오도록 할 수 있는가? 없
다면 이유를 설명해 보라.

❸ 생각하고자 하는 대로 생각할 힘이 있는가? 없다면 그것을 방해하는 것이 무엇인지 말해 보라.

---

❹ 무형 물질에 긍정적인 영향을 주는 것과 부정적인 영향을 주는 것에 대해 설명하라.

---

❺ 가난에 대해 어떤 태도를 취해야 하는가?

10
Financial Success

❶ 과거의 고난을 남들에게 이야기하는 것에 대해 어떻게
생각하는지 말해 보라.

❷ 적절한 의지력의 사용이 무엇인지 설명하라.

11
Financial Success

❶ 행위 없이 생각만으로 부를 얻는 것이 불가능한 이유는 무엇인가?

❷ 적절치 못한 사업이나 환경에 있을 때 어떻게 대응해
야 하는가?

❸ 월급생활자가 더 나은 직장을 갖기 위해서는 어떻게 해
야 하는가?

12
Financial Success

❶ 매일 어느 정도 일을 해야 하는가? 그리고 그 이유는?

_____

_____

_____

_____

_____

_____

❷ 진화의 원인은 무엇인가?

_____

_____

_____

_____

_____

_____

❸ 효과적인 행위의 방법은?

❹ 현재 효과적인 행위를 한다고 생각하는가? 아니라면 그
이유는 무엇인가?

❺ 이 장에서는 비전에 대해 어떻게 설명하고 있는가?

13
Financial Success

❶ 특별한 직종에 어울리는 두드러진 재능이 있다면 어떻게 해야 하는가?

❷ 능력이 도구와도 같다는 것을 설명해 보라.

❸ 욕구는 무엇인가? 어떤 일을 하고자 하는 욕구가 있으면 그 일을 할 수 있다는 것을 설명해 보라.

❹ 성급한 행동을 하려 할 때 어떻게 조치를 해야 하는지를 설명하라.

_____

_____

_____

_____

_____

_____

14
Financial Success

❶ 모든 사람들이 증가의 욕구를 가진 이유는 무엇인가?

_____

_____

_____

_____

_____

_____

❷ 남들에게 어떤 모습을 전달해야 하는가? 그 모습을 설명해 보라.

❸ 어떤 유혹이 있을 수 있는가? 힘과 권력을 어느 정도 원하는가? 그것으로 할 수 있는 일은 무엇인가?

15
Financial Success

❶ 전문직에 종사하는 사람이 남에게 주어야 할 인상은 어떤 것인가? 이유는 무엇인가?

❷ 발전 가능성이 없는 직장에서 일하는 근로자는 어떤 태도를 가져야 하는가?

❸ 한 회사의 직원 수천 명이 특정 방식으로 행동하면 어떤 일이 일어나는가?

16
Financial Success

❶ 정부가 서민들을 가난에서 구해내지 못하는 이유를 설명하라.

❷ 서민을 가난에서 구할 방법은 무엇인가? 그 방법을 설명하라.

❸ 미래의 위급 상황이나 장애에 대해 미리 계획을 세우는 것은 어떤가?

❹ 낙담하기를 거절하는 과학적 이유를 들라.

❺ 원하던 것이 제때 오지 않았을 때 어떻게 해야 하는가?
그리고 그 이유는?

❻ 자신의 능력에 비해 지나치게 커 보이는 과제에 어떻게 대응해야 하는가?

_____

_____

_____

_____

_____

17
Financial Success

❶ 부자가 되는 법칙의 요점 정리를 임의대로 해보라.

_____

_____

_____

_____

_____

_____

❝

부자가 되기 위해서 꼭 버려야 할 여섯 가지 ; 갖가지 도박으로 부자가 되려는 꿈/나쁜 벗을 가까이하여 그와 함께 남을 속여 부자가 되려는 것/술을 방탕하게 마시고 색을 가까이하여 재물을 얻으려는 것/노력도 하지 않고 한 번에 일확천금을 얻으려는 것/일도 하지 않고 게으르면서 재물을 구하려는 것/항상 놀기를 좋아하고 풍류를 즐기면서 부자가 되려는 것.

-<중아함경>에서

"그의 생각은 옳았다"

월레스 딜로이스 와틀스(Wallace Delois Wattles)의 영원한 대표작 ≪부자의 성공법칙(Financial Success)≫은 부와 행복을 위한 수많은 안내서 중에서 독보적인 위치를 차지하고 있는 책이다.

이 책은 삶에 대한 올바른 방식과 긍정적인 사고에 구체적인 제안을 덧붙여 설득력 있게 주장을 펼치고 있다.

이 책에는 인간의 세속적 열망이 어떻게 고귀한 목적과 조화를 이루어 윤택한 세계로 향하는지 이해하기 쉽게 상세히 묘사되어 있다.

우주는 창조가 시작된 곳이고 끊임없이 팽창하는 곳이며 그 안에 속한 인간들은 목적과 신념의 힘을 통해, 현재의 구체적 행위와 결합된 뚜렷한 이미지의 창조를 통해 무형의 잠재력으로부터 형태를 만들어 낼 수 있다고 주장한다.

생각하는 물질이 있다.
그것은 만물의 근원이며 우주의 모든 공간을 침투해 스며들고 가득 채운다.

이 물질 내에 있는 사고는 생각에 의해 영상화된 것을 생산해 낸다.

인간은 머릿속으로 그 어떠한 것들의 형태라도 만들어 낼 수 있다.
무형 물질 위에 자신이 생각한 형태를 형상화함으로써 그것을 창조할 수 있다.

와틀스의 '법칙'은 모든 이들에게 오류 없이 적용되며 유용하다.
경쟁심이 아닌 창조적 마인드를 가짐으로써 인간은

210

210

우주의 무한한 잠재력 속으로 다가갈 수 있다.

자신이 원하는 것이 실제로 있다고 생각하라.
그것의 주인이 되어 사용하라.
그것을 실제로 갖게 되었을 때 사용하는 것처럼 상상 속에서 그것을 사용하라.

와틀스의 법칙대로라면 실패가 있을 수 없다.
풍요로움은 신이 주신 우리의 타고난 권리이다.
자연법칙의 적용에 따른 무지와 혼란이 있더라도 이 풍요로움을 누릴 수 있도록 만드는 것은 우리의 의무이자 권리이다.
이 책은 다시 한번 밝히지만, 현실적이고 명쾌하며 실용적인 안내서이다.
부자가 되기 위한 정신적, 영적 접근이다.
여기에는 어떤 함정도 없다.
이 책이 제시하는 대로 따라가기만 하면 틀림없이 부자가 될 수 있다.
빈곤에 찌든 사람뿐 아니라 중산층도 사고하는 존재

로서의 진정한 잠재력을 발휘하지 못한다는 사실에 오히려 죄책감을 가져야 한다고 주장한다.

와틀스는 자신의 작품에 대해 이렇게 말한다.

"무엇보다도, 가장 다급한 문제가 돈인 사람들을 위한 것이다."

·우선 부자가 되고 나서 철학적으로 설명하려는 사람들을 위한 책이라는 것이다.

이 말은 자신의 책이 철학서가 아니라 실용서라는 것을 의미한다.

이 책은 이론으로 가득 차 있는 책이 아니라 실용적인 지침서이다.

지금까지는 깊이 있는 공부를 할 수 있는 기회가 없었지만, 과학의 원리를 행위의 기초로 인식해 좋은 결과를 얻기 원하는 이들을 위한 책이다.

가난이 아무리 부끄럽지 않다고 하더라도 부자가 아니면 진정으로 완전하고 성공적인 삶을 살 수 없다.

충분한 물질이 없으면 재능이나 영혼의 발전을 최대화할 수 없다.

영혼의 자유와 재능 발달을 위해서는 많은 물질 사용이
필수인데 돈이 없으면 물질을 소유할 수 없기 때문이다.

창조적 영상화의 기술을 실천하다.

　와틀스의 저서로는 ≪새로운 사고와 단식을 통한
건강법(Health Through New Though and Fasting)≫을
비롯한 ≪위대함의 과학(The Science of Being Great)≫
등의 실용서와 ≪지옥불 해리슨(Hellfire Harrison)≫
이라는 소설 등 다수가 있지만 그를 오늘날까지도
유명하게 만들어준 책은 세계적 고전이 된 바로 이
책이다.

와틀스의 생애는 별로 알려진 것이 없다.

그는 1860년 미국에서 태어났고, 초년 시절 많은 시
련을 겪었던 것으로 전해진다.

그는 나이가 든 후에 데카르트, 스피노자, 라이프니
츠, 쇼펜하우어, 헤겔, 에머슨 등 세계적인 철학가들
의 사상과 여러 종교를 연구했다.

그가 신사고(new thought) 원칙을 발견하고 자신의 삶

에 적용한 것은 지칠 줄 모르는 연구와 실험을 통해서였다.

그는 연구의 결과물에서 얻은 원칙들을 세상에 알리기 위해 책을 썼다.

그는 창조적 영상화의 기술을 실천하였다.

그의 딸인 플로렌스는 아버지 와틀스에 관해 이렇게 말했다.

"아버지는 거의 쉬지 않고 글을 쓰셨습니다. 정신적 영상을 형성한 것도 글을 쓰실 때였습니다. 아버지는 자신을 성공적인 작가, 강한 정신력의 소유자, 진보하는 사람으로 정해 놓고 그 영상의 실현을 향해 일을 하기 시작했습니다. 글을 쓰시는 매 순간마다 아버지는 살아있었던 것입니다. 그야말로 힘찬 삶을 사셨습니다."

와틀스는 1910년 ≪Financial Success≫가 출간되고 얼마 지나지 않은 1911년 사망했지만, 그의 작품은 그 시대의 유명한 작가였던 오라이슨 스웨트 마든의 작품과 함께 사람들에게 큰 영감을 주고 있다.

그들이 개척한 성공과 자기계발 문학은 100년이 넘는 동안 나폴레온 힐, 로버트 슐러, 앤소니 로빈스 등에게 큰 영향을 끼쳤다.

와틀스를 연구해온 주디스 포웰 박사는 와틀스의 작품들을 새롭게 편집하여 '건강' '부' '행복'을 위한 세 가지 시리즈를 기획 발간하기도 하였다.

와틀스가 처음 자신의 학문을 정립했을 때는 항공 수단이 상업적으로 사용되지 않았다.

그러함에도 그는 수백만의 사람들이 우주적 관점으로 생각하기를 적극적으로 추천했으며 막대한 부를 축적할 것을 격려했다.

그의 생각은 옳았다!

원하건대, 독자들께서도 와틀스의 학문을 통해 이 넓은 우주에서 자신에게 맞는 자리를 찾고 조화로운 환경을 창조해서 부와 지혜와 지식이 배가되기를 바란다.

와틀스의 부자의 법칙

초판 1쇄 인쇄 2020년 4월 17일
초판 1쇄 발행 2020년 4월 20일

지은이 월레스 D. 와틀스
옮긴이 최보경
펴낸이 이태선
펴낸곳 창작시대사

주소 경기 고양시 덕양구 행주로83번길 51-11
전화 031-978-5355 **팩스** 031-973-5385
이메일 changzak@naver.com
출판등록 제2-1150호(1991년 4월 9일)

ISBN 978-89-7447-226-9   03190